书

爱情的真相

亲密关系心理学

张晓文 著

清華大學出版社
北京

图书在版编目（CIP）数据

爱情的真相：亲密关系心理学 / 张晓文著．—北京：清华大学出版社，2020.9（2022.10重印）

（陪你读书）

ISBN 978-7-302-53292-7

Ⅰ．①爱…　Ⅱ．①张…　Ⅲ．①恋爱心理学　Ⅳ．① C913.1

中国版本图书馆 CIP 数据核字 (2019) 第 138700 号

责任编辑：左玉冰
封面设计：郑　杰
插　　画：任　闻
版式设计：方加青
责任校对：王凤芝
责任印制：曹婉颖

出版发行：清华大学出版社
网　　址：http://www.tup.com.cn，http://www.wqbook.com
地　　址：北京清华大学学研大厦 A 座　　邮　　编：100084
社 总 机：010–83470000　　邮　　购：010-62786544
投稿与读者服务：010-62776969，c-service@tup.tsinghua.edu.cn
质 量 反 馈：010-62772015，zhiliang@tup.tsinghua.edu.cn
印 装 者：三河市铭诚印务有限公司
经　　销：全国新华书店
开　　本：160mm×230mm　　印　　张：16.25　　字　　数：223 千字
版　　次：2020 年 9 月第 1 版　　印　　次：2022 年 10 月第 3 次印刷
定　　价：59.00 元

产品编号：083056–03

前　言

5 块钱买个男（女）朋友？
——亲密关系的秘密

在我的课堂上，有个游戏超级受欢迎，叫作“5 块钱买个男（女）朋友”。

对，5 块钱，只要 5 块钱，你就可以拥有一个心仪的对象。

心动了？游戏开始。

如果你是女性，你要“买个”怎样的男朋友呢？

选项（括号里为女人的心声）
帅气——3 块钱（好心动啊，有点贵啊。）
忠诚——3 块钱（这个是必需的！）
富有——3 块钱（这个偷偷地也想要，但是别人会怎么看我呢？）
浪漫——2 块钱（哎哟，充满期待呀！）
幽默风趣——1 块钱（不错不错，划得来。）
聪明机智——1 块钱（不错不错，性价比高。）
长得高——1 块钱（不错不错。）
身体健壮——1 块钱（哈哈，谁喜欢病恹恹的啊。）

游戏结果十分有趣，某些群体有极其相似的答案，你不妨来猜猜看。

15～22岁，正处于恋爱季节的少女，会把钱花在哪里？

少女们豪爽地用3块钱买“帅气”！

哇，女性的自我意识觉醒了！女性不再把自己看作男性的附庸。“你们男人不是喜欢年轻漂亮的女性吗，叫我们‘花瓶’，现在我们女人也翻身做主人，我们也喜欢年轻帅气的男生，叫你们‘鲜肉’。”

冤冤相报何时了，我们要保护漂亮的姑娘和帅气的小伙，他们是人类共有的财富。

心理学解读：恋爱都是以快乐为导向。人类在本质上都愿意追求漂亮年轻的异性，女性的独立让女性敢于坦承这一点。

女人“好色”一小步，男女平等一大步。

那么，23～32岁，处于择偶阶段的女性最舍得花钱的地方在哪儿？

她们毅然决然把最多的3块钱用来买“忠诚”！

心理学解读：根据“进化心理学”的理论范畴，女性在婚姻中的亲本投入大，在生养子女上承担的风险高，所以女人觉得自己的伴侣忠诚、靠谱最重要，始于颜值，终于人品，忠诚是底线。

等到33～45岁，已经在婚姻中度过了漫长岁月的女人最舍得花钱的地方在哪儿？

她们更多地选择用最多的3块钱买“富有”。

“贫贱夫妻百事哀”，奶粉、尿不湿、各种兴趣班、上有老下有小。

她们觉得比起风花雪月，还是务实更重要。

她们通常一脸沧桑地感慨：中年最苦，每天睁开眼，没有可以依靠的人，周围全部都是想要依靠你的人。此时，如有足够的金钱傍身，顿觉获得依靠。

心理学解读：虽然富有导致离婚率增高，但是贫穷对婚姻的损害更大。

那么，46～65岁的中老年女性呢，她们的5块钱要花在哪里？

这个群体居然异口同声：我的3块钱一定用来买“帅气”！

他看上去老实，不代表他真的老实；他有钱，也不代表肯给你花。

相比而言，帅气多么实在，这个东西你享受了就是你的，无可取代。

心理学解读：怪不得各种霸道总裁的偶像剧、肥皂剧最忠实的观众普遍是广大的退休中老年女性。奈何得不到，已失去，总是最珍贵。

中国的中老年女性果真是“传奇”，她们返璞归真，悟透了人生的真谛。

那么，如果你是男性，你想要一个怎样的女朋友呢？

选项（括号里为男人的心声）
漂亮——3 块钱（什么？我的大脑还没来得及思考，我的手指已经自动支付了这项内容？）
贤惠——3 块钱（这是个古老的词吧，现在不敢奢望。）
性格好——3 块钱（这个很重要！）
家庭富裕——2 块钱（这个有最好。）
专一——2 块钱（这个太重要了，毕竟男人再强，也经不起“头顶一绿”。）
丰满——1 块钱（这个要偷偷地买！）
长腿——1 块钱（这个我当然想要啊！）
聪明——1 块钱（当然啦，谁想和“傻子”一起生活啊！）

当我们把男女结果对比来看，会发现非常有意思。

相比中国女性的各种进化、各种自我完善、各种觉醒、各种蓬勃发展，中国男性依然简单纯朴得让人叹息。

无论哪个年龄层，花钱要花在刀刃上！

一半男性的 3 块钱用来买“漂亮”，这个是镌刻在基因中的本质追求。

如果外在不能被吸引，实在提不起兴趣了解你的内在。

为什么中国女性对颜值这么焦虑，拼命要求自己“瘦高白秀幼”？正是因为中国男性还没有形成多样化的审美。

一半男性的 3 块钱买“性格好”，越来越多的男性发现，女人的心思本来就难以捉摸，如果性格不好，每天查手机、搞盘问，简直是和自己过不去，再好看也要有命欣赏不是吗？

选“专一”的男性比想象中的多，看来男性果真有着永恒的担忧和命门——“头顶绿油油”。此处心理学专业词汇登场——为人父的不确定性。

选“家庭富裕”的男性多半是比较成熟、情史丰富、对自己的人生有准确定位的一群人。在众多毛头小子还处在对漂亮姑娘流口水的阶段时，他们更快地洞悉了人生的真相。

最后，出测试题的人有个坏心思，你们发现了吗？

你只有 5 块钱，所以，你的男朋友不可能既帅气又忠诚，你的男朋友不可能既帅气又富有，你的男朋友也不可能既忠诚又富有。

你只有 5 块钱，所以，你的女朋友不可能既漂亮又贤惠，你的女朋友不可能既漂亮又性格好，你的女朋友也不可能既性格好又贤惠。

仅仅一个小游戏，居然蕴藏着亲密关系中如此多的秘密！

谁说爱情是世界上最难解的题，所有爱情的真相早就藏在心理学里了。

本书的理论基础和研究数据基本来自罗兰·米勒的伟大著作《亲密关系》，笔者只是尽力尝试着做一下本土化和通俗化的解读，希望读者在阅读的时候不会感觉那么“难啃”。心理学的世界充满着美丽和奥妙，希望更多的读者能感受到它的魅力。

正是由于有科学的心理学理论和研究打基础，本书没有爱情忠告，也少有爱情鸡汤，更没有对爱情的揣测和想象，一切都来自心理学的实验发现、问题研究和科学解释，这是一个更应该被广为人知的理解爱情的角度。

希望通过此书，不仅为你解惑、给你以抚慰，还能用科学的方式帮你了解自己，了解亲密关系，从而获得幸福。

读这本书，你会了解：

“脱单”真的会让人更快乐吗？

为什么开口的第一句话用幽默的方式不妥？

谁决定了我们的爱情学分？

为什么浪漫之爱不可持久？

真有爱情经济学吗？婚姻是一场交换？

为什么我宁愿给女神当备胎也不愿和普通女孩谈恋爱？

为什么我是“渣男体质”，真要集齐 7 个“渣男”，才能召唤“真爱神龙”？

为什么相爱容易相处难？

爱情也是“前人栽树，后人乘凉”？

我们的“终极伴侣”到底是谁？

背叛了还能再原谅吗，该怎么原谅？

吸引方程式，择偶日记本，脱单说明书，友谊和爱情，爱之初体验，冰点与沸点，爱情经济学，爱情学分课，失恋综合征，爱人和敌人——10 个爱情的真相，专治爱情各种疑难杂症。

理论模型、实验研究、实操方式，你想要的，这本书里全都有。

张晓文

2020 年 5 月 20 日

目 录

第 1 章　吸引方程式

1.1
看脸的世界

心理学关键词：

颜值吸引

进化心理学

光环效应

1. 颜值即正义？

这是个看脸的世界吗？

心理学回答：基本上——大体上——好吧——没错！

爱美是人的本能，毋庸置疑，否则你以为“流量明星”的“流量”从哪里来？

虽然老祖宗郑重告诫我们“人不可貌相”，但是老祖宗本人依然情不自禁地“以貌取人”，连皇帝取探花郎，也是钦点眉目最端正的那一位。

不管我们愿不愿意承认，颜值依然是我们出入社会的一道门槛。

在每个物种中，尤其是在人类的潜意识里，无时无刻不在运用颜值体系作出各种选择和判断，这体现在生活的方方面面。

例如问路，你会选择问温柔可爱的小姐姐还是问“左青龙、右白虎、文身金链”的彪形大汉？

票选领袖的时候，假如你对候选人一无所知，你会选择看上去坚毅正直、一脸正气的A还是选择看上去小头锐面、心机狡诈的B？

哪怕是肥皂剧，你也可以一眼发现，那些正气凛然的“好人脸”一定能活到最后，而那些一脸奸佞的“坏蛋脸”一定活不过 30 集。

没办法，我们天生就喜欢好看的人。

“美的就是好的”，这在心理学里叫作“光环效应”。

研究发现，我们认为有外表吸引力的人更可能善良、坚强、有趣、外向、性格好、有教养，未来可能更尊贵。

A. 美的人更有趣、更外向？

当然，谁不想外向活泼、人见人爱、花见花开。美的人只要微微一笑，人们就会情不自禁地感叹：“她（他）真是外向活泼、活力四射啊！”相反，“我丑我自卑”，所以放不开。

B. 美的人更善良、更坚强？

想想艺人杨超越，“超越不要哭，超越要坚强”！

C. 美的人性格好、有教养？

据说是这样的，相貌好的人在世界上受到的宽容和优待更多，他们也容易对世界更宽容，也更温和。

D. 美的人社交和职场更为成功？

我们来看看颜值和收入之间的关系。研究发现，把匹兹堡大学 MBA 毕业生长相分为 1 ～ 5 级，发现长相每升高一级，男性的年薪平均增加 2 600 美元，女性的年薪平均增加 2 150 美元。（注意：因为研究对象是本科及以上学历人群，颜值对年薪的“加码”仅对此范围人群适用。）

著名劳动力经济学家丹尼尔·荷马士一辈子致力于研究颜值问题，在其著名的《颜值与劳动力市场》[1] 论文中阐述：颜值和终生劳动力总收入呈较强正相关。长得丑的男员工的平均收入会显著低于长得好的男员工的平均收入，这个差额可以看作市场征收的丑陋罚金（ugliness penalty）和颜值奖金（beauty premium）。

原来每一张漂亮的脸，都是“会呼吸的人民币”。

E. 美的人更容易结婚？

大量研究发现，事实确实是这样，颜值高的人拥有更多的约会机会和择偶机会。因为从进化心理学的角度来讲，美貌确实意味着更加优秀的基因和更加有竞争力的后代。从人类的优生繁衍来说，看脸不是坏事，颜值体系为异性的择偶过程提供了最丰富、最节约成本、最精准的基因优选标准。

2. 女性之美：娃娃美和成熟美

既然美丽这么有魔力，那么魔镜魔镜告诉我，谁是世界上最好看的女人？什么样的女性面孔最迷人？

女人的美起码有两种。一种叫作“娃娃美”：大眼睛、小鼻子、小下巴和饱满的双唇。长得像娃娃一样的美人，让人望之亲切，一见生怜。比如赵丽颖的脸：圆圆的脸，圆圆的眼睛，小小的嘴。让人好感倍增。

人类天生就难以抵御“娃娃美”，具备“娃娃美”的人才是真正电视剧女一号的脸，不求艳丽逼人，但求十分耐看，能够让人忍受漫长的七八十集电视剧而不生厌烦。

另一种美叫作“成熟美”：突出的颧骨、窄脸颊和灿烂的笑容。譬如“不老女神”俞飞鸿。

具备“成熟美”的人在年轻的时候不显年轻，上了年纪以后不显老，所以，“成熟美”不仅高级，而且还是“抗老神器”。

如果一个女人同时拥有娃娃美和成熟美，她就是放眼全球公认的美人，如超模米兰达·可儿。

此时，我忍不住想提一下万千少女的整容模板——网红锥子脸。

网红锥子脸为何深受广大直男青睐？

你不喜欢没关系，基因觉得挺喜欢。

进化心理学认为，人类的心理就是一整套信息处理的装置，这些装置是由自然选择而形成的，其目的是处理我们祖先在狩猎等生存过程中所遇到的适应问题。

简单来说，我们今天每一个活着的人都是进化的“活化石”，我们老祖宗在想什么，我们现在还在想什么。我们都是披着现代人外衣的原始人。我们喜欢网红脸很可能只是因为我们的老祖宗也喜欢！

我们来看看网红脸的特征和优势。

A. 大眼睛+高鼻梁，这表示更强的视力和嗅觉能力，这是优秀基因。

B. 尖尖的长下巴，这表示发育成熟，可以孕育健康的下一代。

C. 一头乌黑亮丽的长发，这表示年轻、健康，适合孕育健康的下一代。

男性一般偏爱长发的女性。研究发现，长发与女性的健康有关（Hinsz et al.，2001）。所以好对象，好基因，意味着好的下一代。

看来网红脸的风靡，不过是因为男性千万年来的生物学本能而已。

顺便说一下，长尖下巴长在男人脸上可没用，也许还有反作用，对男性来说，结实的下颌（俗称男神必备下颌线）会显得更有男人味，而一个长下巴（俗称“鞋拔子脸”）则会削弱男人味。

3. 男性之美：纯爷们儿和“小鲜肉”

男人好看的脸也可以分为两种。

第一种是纯爷们儿的脸：结实的下巴，宽阔的前额，看上去坚毅自信。

第二种是“小鲜肉”的脸：略微女性化的娃娃脸，干净漂亮，看上去热情友好，朝气蓬勃。

那么问题来了，纯爷们儿和“小鲜肉”，谁会赢呢？

广大直男朋友齐声表示：那还用说，当然是充满雄性荷尔蒙的硬汉会赢啊！

事实完全相反。研究结果让我大笑三声：对女性而言，在排卵期，纯爷们儿完胜！此时，她们普遍觉得不修边幅、胡子拉碴、具有男子气概和充满雄性荷尔蒙的脸更有吸引力。但是在其他时期，“小鲜肉”们完胜！他们充满青春活力的脸让女性心动不已。

女人啊，真是连审美都目标明确，直奔主题。女人果真是进化完全的高等生物。掰着指头算算，女人的排卵期是短暂的，一个月就那么短短几天，而其他时期却是非常漫长的。

所以，现在的世界是属于“小鲜肉”们的，小老弟们完胜！

1.2
你这么可爱，应该没什么本事吧

心理学关键词：

刻板印象

婴儿图式

1. 没错，我们靠可爱活到了现在

从进化心理学的角度来讲，我们都是靠着可爱才活到今天的。

我们出生的时候，拥有一张绝对的娃娃脸。

娃娃脸的特征是大眼睛、小鼻子、小下巴，最主要的特征是圆圆短短的脸。

注意：脸型越短越显小，脸型越长越显老（此时，马脸哭晕在洗手间）。

为什么小婴儿会拥有一张绝对的娃娃脸呢？

因为娃娃脸实在太好用了。

娃娃脸能唤起人们的怜爱和保护欲，婴儿之所以可以随心所欲、吃喝拉撒不被人嫌弃，很大一部分原因是婴儿的娃娃脸！

生物学家认为，正是因为婴儿需要特殊的照料和抚养，所以长了一张“我见犹怜”的天使脸孔来吸引人们的注意：看我长得这么可爱，还不来亲亲我、抱抱我、照顾我、关怀我、呵护我，随时随地满足我的一切需求！

根据进化要求，人类和大部分生物都会对婴儿特别是刚出生的婴儿产生本能的抚养和照顾冲动，以保障物种的延续。

我们对可爱的脸没有抵抗力！

遥想生娃头一年，无论是爸爸，还是妈妈，大部分都会化身“晒娃狂魔”，我们的头脑里会疯狂分泌一种激素：天啊！这是谁生的娃，太可爱了！

于是我们控制不住地在朋友圈晒娃流口水的憨笑，晒娃歪歪长出来的半颗牙，晒娃的一日三餐、吃喝拉撒。

别拉黑，别拉黑！你当爹妈第一年也会这样，俯首甘为孺子牛，心甘情愿被宝宝的喜怒哀乐操控，“爱你千遍也不厌倦”。

真的吗？真的！但是仅限于婴幼儿时期，后面的故事就一言难尽了。

随着宝宝的茁壮成长，“著名”中国谚语登上舞台：七八九，嫌死狗！三天不打，上房揭瓦！下雨天打孩子，闲着也是闲着！

何解？因为你不可爱了呀，不“萌萌哒”了呀！

以前看到你肉乎乎的小脸就想蹭过去亲亲抱抱，现在看你小小少年的脸庞加上永远精力无穷，能忍住不每天胖揍你三顿已经是绝对佛系的中年老母亲了。

2. 可爱只有好处，怎么可能

如果你长大成人，还幸运地拥有一张娃娃脸，恭喜你，这很减龄，你比同龄人要显得年轻很多。

对于有着娃娃脸的成人，人们普遍认为他们诚实善良、暖心贴心、没有威胁。

心理学发现，人们对具有婴儿特征的刺激会形成一种特殊的心理表征——婴儿图式。娃娃脸和娃娃音就是典型的婴儿图式。人们天生对婴儿图式充满喜爱。

例如叠音是一种婴儿图式，很多人的名字都用叠音字，它寄托了父母无限的关爱。如婷婷、文文等，叫着叫着内心便会油然而生一种亲近感，让人很容易喜欢上他们。

很多人开车的时候，喜欢用志玲姐姐的娃娃音导航，清清甜甜的语音语调能有效缓解旅途疲劳。

但是婴儿图式也有劣势，当一个成人拥有娃娃脸、娃娃音，你很可能觉得他只是可爱，但是没有什么真本事。

爱笑、乐天派这些特点让你在人际交往中一帆风顺、人见人爱。但是在职场上呢？

社会认知有两个基本维度，即热情与能力。我们往往会觉得这两个维度在同一个人身上不可兼得。

以前皇帝上朝的时候，与他共商国是的是一拨忠心耿耿的臣子 A，大家的目标是同心协力建设国家！这拨大臣 A 是来给皇帝帮忙的，需要具备高能力。

等皇帝上完朝回到后宫，娱乐生活怎么办呢？这时那些陪皇帝打马球、一起寻欢作乐的大臣 B 出现了，他们是来给皇帝找乐子的，他们具备高热情。

你能想象大臣 A 和大臣 B 是同一拨人吗？

刚刚和皇帝畅谈完国家大事，一脸严肃地劝诫皇上要勤政爱民，转过身嘻嘻哈哈：万岁爷，最近江南草长莺飞，不如我们来个“微服私访”下江南？

这画面太美我不敢看。

所以，一般认为，一个人要么高能力、低热情，要么低能力、高热情，鱼与熊掌不可兼得。

3. 漂亮和可爱的刻板印象

漂亮的最大坏处就是美貌带来光环效应的同时也带来刻板印象。

你这么好看，应该能力一般吧！

女孩子太漂亮就没心思搞学习！

你这么美，居然不花心？看来你还是不够漂亮。（这是什么逻辑？！）

我们一般对美的人要求更高，美人都是有“人设”的，所以一旦他（她）不符合我们心中所愿，我们更容易失望，这就是所谓的“人设崩塌”。

古人常说：

绣花枕头一包草。

金玉其外，败絮其中。

红颜祸水，红颜薄命。

看来，古人也很“毒舌”啊。

美貌在人际交往中的代价也不少，如貌美之人对他人的信任度较低。

比如，人们对貌美者撒谎更多，当与美女约会的时候，男人会忍不住吹牛，情不自禁地把自己抬高三分。

由此带来的后果：貌美之人不太容易相信别人。

还有，貌美之人比较缺乏同性友谊。

很简单，面对貌美的同性，人们会降低自我评价，谁愿意和校花做朋友！

有句话说：女人之间不用吵架，你比她美你就赢了。

谁愿意总是输？大家姿色差不多，在一起才能心平气和做朋友。

当然，就我本人看来，美貌最大的代价是：捷径太多了。

波伏娃说过：“男人的极大幸运在于，他不论在成年还是小时候，必须踏上一条极为艰苦的道路，不过这是一条最可靠的道路；女人的不幸则在于被几乎不可抗拒的诱惑包围着，她不被要求奋发向上，只被鼓励滑下去到达极乐。当她发觉自己被海市蜃楼愚弄时，已经为时太晚，她的力量在失败的冒险中已被耗尽。”

美女更是如此。捷径充满诱惑，但最可靠的道路却只有一条。

4. 中等漂亮或成最大赢家——美丽够用就行

2010 年，德国和美国的 3 位科学家共同发表重要研究结果：颜值与评价之间存在着抛物线关系，不漂亮的人不招人喜欢，过于漂亮的人也不招人喜欢，而中等漂亮的人很招人喜欢。[2]

研究者认为，“美的就是好的”仅仅对中等漂亮的人适用，所以说，美丽够用就行！

我暗自思考了这项研究的意义，这可能是源自人类超强的自我心理保护机制。我们虽然喜欢好看的脸，但是我们拒绝相信这个世界有人颜值超高、能力卓绝、性格温柔还品德高尚。怎么可能这么完美，让我们芸芸众生怎么活？

1.3
地球上另外一个自己

心理学关键词：

人际关系的吸引本质：相似相吸

如果我们是异性恋，我们最好的伴侣，就是地球上另一个性别的我。

每个人都是自恋的，程度不一样而已，我们喜欢的，就是和我们像的人。

先来看看我们如何讨厌和我们唱反调的人。

“我暑假想去 A 地旅游。”

“A 地有啥好，‘老少边穷’。”

“那我去 B 地。”

“B 地人太多，挤死你！”

“那我去 C 地好了。”

“为啥？那里根本没人去，傻瓜才去 C 地。”

“那我在家待着好了！”

“暑假大好时光，你居然在家待着。生前何必贪睡，死后自会长眠……”

来人啊，把他给朕拖出去斩了！

朋友小 A：我家 4 口人，3 个“杠精”，我每次在家，总感觉精力耗尽，喉咙沙哑，仿佛和 18 条蛟龙搏斗一样，每次从家里出来都是屁滚尿流，落荒而逃。

我们追求和谐社会，不喜欢和我们唱反

调的人。所以，我们讨厌“杠精”。

1.“杠精”的诞生

我们现在从科学的角度简单分析一下“杠精”的诞生。

A.“杠精”界扛把子——偏执型人格

《中国精神疾病分类方案与诊断标准》（CCMD）[3] 中将偏执型人格的特征描述为：

（1）广泛猜疑，常将他人无意的、非恶意的，甚至友好的行为误解为敌意或歧视，怀疑会被人利用或伤害，“世界处处是阴谋”。

（2）病态嫉妒，好嫉恨别人，对他人的错误不能宽容。过分自负，若有挫折或失败，则归咎于人，总认为自己正确——“我怎么可能有问题？”

（3）脱离实际地好争辩与敌对，喜欢把别人当成对立面，忽视客观证据，很难通过说理或者事实改变其想法——“来啊，朝我开炮啊！”

偏执型人格属于人格障碍范畴，人格障碍大概占心理障碍总人数的 5.8%。

遭遇这种“杠精”大王，请大家务必牢记 6 个字：惹不起，躲得起。

别人都“人格障碍”了，你还不能忍忍吗？

B.“杠精”界傻白甜——人家还是个“宝宝”

“杠精”这种为杠而杠的特质很可能是因为其人格发展不完善，还处于四处找存在感，到处求关注的人生阶段。

你观察过小朋友吗？小朋友超级喜欢抬杠。

“我爸爸说地球是圆的。”

“不对，我爸爸说地球是扁的。”

“我爸爸说得对。”

“我爸爸说得才对。”

“你爸爸不对，地球是圆的。”

“你爸爸才不对，你全家都不对。”

宝宝爱抬杠是因为他们处于心理学家皮亚杰提出的“自我中心”[4]阶段。

宝宝无法区别自我世界和外部世界，他们觉得自己活在宇宙中心，仅依靠其自身的视角来感知世界，不能意识到别人的观点和别人的视角。

“我觉得这是好的，这就是好的。我觉得这是对的，这就是对的，我觉得我爸爸是最帅的，他就是最帅的，你要是说我的爸爸不帅，你就是错的，是坏人，我就要用我的‘小锤锤’锤你哦！”

宝宝的抬杠和成年“杠精”并无差异，只是，我们可以接受小娃娃的抬杠，觉得他们童言童语甚是可爱，却很难忍受成年以后“大头巨婴”继续抬杠。

没办法，谁让你没有小宝宝可爱，你不知道这是个看脸的世界吗？

C.“杠精”界躺枪者——完美主义者

下面介绍的是“杠精”界的躺枪者——完美主义者，这是一个值得同情的“杠精”。

首先，完美主义者既不是人格障碍，也不是人格发育未全者，他甚至是崇高理想和道德的代言人，他是一个确确实实的“真好人”。

其次，完美主义者确实很容易成为“杠精”本尊，他们对人、对己要求甚高，他们处处要强，眼里揉不得沙子，所以对这个世界充满了挑剔和愤怒。

你在朋友圈发布了一条自拍视频。

他回复：堂堂大学教师沉迷于无聊游戏，难道不会给学生树立坏榜样？

你感叹现代高科技医美真好，女人可以永葆青春。

他回复：不明白你们这些女人为什么都想整容，塑料花怎么可能比真花美。

他说得对不对，有没有道理？

他是不是好人？你看见他想不想“跑路”？

我可不想“训导主任天天住在我家里”！

完美主义者永远要做对的事，批评错的事。

有完美主义情结的人活得很累，经常还会遇到挫折和压力，他们太过于正直、苛刻、古板，所以不那么招人喜欢。

毕竟，没有人会真心喜欢“杠精”，谁会喜欢一个时时处处跟自己唱反调的人呢？

你说你喜欢？哈哈，此处活捉一枚真“杠精”。

2. 我们一生都在追寻“熟悉感”和“相似度”

人类有一些基本偏好，比如，我们喜欢熟人而不是陌生人。

有一次，我陪朋友参加大学生的秋季招聘面试，他挑选了3个学生。

一个能力强的，没毛病。

一个善于处理人际关系的，没问题。

一个普普通通没啥特色的。

我纳闷儿了，问他为什么要选第三个。

朋友狡黠一笑说：“他长得像我弟，这种长相纯朴忠厚，我一看就知道……”

真是迷之自信，其实不过是因为我们喜欢熟悉的脸而已。

贾宝玉第一次见林黛玉：这个妹妹我好像在哪儿见过。

第一次见面就仿佛熟悉已久，这种感觉令人着迷。

所谓熟悉，不过就是以前有过相似的经历。我们喜欢已知的领域，而不是未知的领域，这就是著名的“舒适区”。你在哪儿待久了，哪儿就成为你的舒适区，你想做出任何改变都会艰难费力。

单身久了，单身就是舒适区，脱单很难。

结婚久了，婚姻成了舒适区，离婚不易。

这就是已知领域和熟悉感的魔力。

这种偏好根深蒂固，在天性中，我们的选择总是倾向于熟悉的或者相似的人和物。

3. 与伴侣相似的地方越多，就会越喜欢对方

大部分人会与跟他们非常相似的人结婚：相似的年龄、背景、学历、智商、国籍。

人可能会被与自己反差大的人短暂吸引，但是却很难选择他们作为伴侣。

人际关系的最基本原则是：有着相似背景、个性、外表吸引力和态度的人才有可能彼此吸引。

“道不同不相为谋”“三观一致非常重要”就是这个意思。

你们的共同点越多越好，中国有句成语叫作“莫逆之交”，从不说不的交情才是铁交情。

“你说的都对，我无条件支持你，你赞成的事我都赞成，你反对的事我都反对，你喜欢的人我都喜欢，你讨厌的人我陪着你一起讨厌！”

“人生难得再次寻觅相知的伴侣”，我们终其一生都在寻找和我们高度契合的人。

如果是精神世界高度契合，我们称作“灵魂伴侣”，如果生活习惯无比契合，我们称作“生活伴侣”，无论是哪一种，契合才能相处得更久、走得更远。

电视剧《扶摇》中，无极太子请求自己的父皇不要杀死扶摇，他说道：“我从未见过这样的女人，我看见她，仿佛看见另一个自己。”

看到了吗，就算是十八线电视剧，也能写出一线好台词。

我们的终极追求，就是找到地球上另一个自己。

你希望伴侣有多好，你首先得证明自己有多好。

你是谁，就遇见谁。

你必须善良、快乐、坚韧又令人喜爱，他才可能积极、阳光、强悍又充满柔情。

最后，来一段人际交往的正确示范吧。

以下节选自电影《茜茜公主》中茜茜公主和奥地利皇帝弗兰茨初次相遇的经典对话。

茜茜：我最喜欢的花是红玫瑰。

弗兰茨：我也是！

茜茜：我最喜欢吃的是苹果饼。

弗兰茨：我也是！

茜茜：我最喜欢的事是骑马。

弗兰茨：真是太巧了，我也是！

你学会了吗？

1.4
世人那么多，偏偏喜欢你

心理学关键词：

奖赏

回报

适配价值

问题：谁最可能成为你的女（男）朋友？

小学同学、初中同学、高中同学、大学同学、研究生同学……

这个叫同学系列。

同校的学姐学妹、师兄师弟……

这个叫同门系列。

公司同事、邻居、朋友的朋友、三姑六婆的麻将搭子的亲朋好友……

这个叫窝边草系列。

以上共同的特点是什么？

近！近让我们更容易产生连接，近让我们更容易得到回报。

1. 我们一直追求人际关系的奖赏和回报

来电、心跳加速、荷尔蒙疯狂分泌，很多人会以为吸引完全是一种感情冲动，殊不知吸引也是理性的产物。

人与人之间产生吸引力的最基本假设是：他人的出现对我们有奖赏意义[5]。

影响吸引力的奖赏（rewards）有两种类型：直接奖赏和间接奖赏。

以下为直接奖赏：

我们喜欢漂亮的人，漂亮的人让我们赏心悦目；

我们喜欢有能力的人，从他们身上我们能学到很多；

我们喜欢性格好的人，和他们在一起，我们轻松愉悦；

我们喜欢喜欢我们的人，他们对我们的兴趣和赞美能有效提升我们的自尊，让我们更加喜欢自己。

大多数情况下，对方提供的直接奖赏越多，对我们的吸引力就越强。

注意，有些奖赏是间接的、微弱的，我们甚至感受不到它的存在。

例如，即使你远未到法定结婚年龄，从没想过生儿育女，当你走在路上，偶遇一位身材特别好的美女，你的视线居然久久无法从其纤腰肥臀上移开，你甚至开始暗暗咽口水。

你以为此刻的吸引是纯粹的来电，其实不过是她优秀的腰臀比给你的潜在奖赏。

进化心理学发现，腰臀比为 0.7 ∶ 1 的女性最容易吸引男性。

没有那么神秘，不过是因为具备这种腰臀比的女性更容易生育健康的后代而已（此腰臀比的女性体内带有特定比例的雌二醇和黄体酮）。

吸引力的基础是与人发展有奖赏的经历，那么谁会给我们提供更多的奖赏呢？

2. 距离近更容易得到奖赏和回报

当人们彼此接近时，能听到对方的声音、看到对方的微笑、闻到对方的气味、握到对方的手的时候，这样发展的感情更具备回报性。这也叫作近水楼台先得月。

近到什么程度最好？此处强烈推荐人际关系的灵丹妙药——触摸。

人类很早就对触摸感兴趣，中世纪的欧洲，人们认为来自君主的触摸可以治病、驱邪、降福。

近年来，科学研究开始向我们展示触摸对人类健康和生存的重要性。

心理学界有个著名的治疗方法叫作触摸治疗[6]，请大家记住一位伟大的心理学家的名字：蒂凡妮·菲尔德（Tiffany Field）。

菲尔德第一个宝宝是早产儿，对妈妈来讲这是件不幸的事。菲尔德在对自己早产宝宝的抚养和照料中发现了一个重要的心理学进展：触摸的力量。

菲尔德和她的同事发现，他们每天只需轻轻按摩和触摸早产儿的背和四肢 15 分钟，这些早产儿的体重增速快了近 50%[7]。这项事实当时震惊了医学界。

女性边当科学家边当妈妈实在是太厉害，菲尔德拯救了全世界的宝宝。

以前足月宝宝出生会被抱走，和妈妈分开，现在宝宝一出生就被放在妈妈的身边。

以前刚出生的早产宝宝都会被孤零零地放在一个保温箱里，而现在医院鼓励父母对早产宝宝进行按摩和触摸，因为触摸可以有效增强宝宝的身体发育、情感发育、认知能力和运动技能。

进一步的研究发现，触摸还可以帮助成年人改善注意力、缓解抑郁、减少疼痛，甚至提高免疫力。

夫妻关系不好，先让他们拥抱一个吧。

恋人要分手了，先让他们拥抱一个吧。

朋友好久没见面，先让他们拥抱一个吧。

一个触摸、一个拥抱或许就能促进感情，改变人生。

知道大白①为什么会风靡世界吗？

无论互联网多么发达，我们还是无比渴望一个实实在在的真切触摸和拥抱。

---

① 电影《超能陆战队》、动画《大白归来》及电视动画剧《超能陆战队》中登场的虚拟人物。

3. 被人接纳更容易得到奖赏和回报

心理学家做过一个实验：酒吧里有个绝色美女，酒吧里 100 个男人都动心了，但是这个女人看上去特别高冷，脸很臭。

结果会有多少人上前搭讪？

答案是不到 10%。

同一个酒吧有个可爱的女孩，她没有那么好看，但是看上去热情开朗，很好接近，酒吧里 30 个男人动心了。

结果会有多少人上前搭讪？

答案是超过 50%。

我们不傻，我们不会放任自己宝贵的自尊心一再受挫，我们更容易追求最有可能回报我们的伴侣。

对未来伴侣的期望值 = 伴侣的外表吸引力 × 伴侣接纳自己的可能性

就算我们掌握了 108 种爱情技能，我们也追不到神仙姐姐。

如果一个人疯狂地喜欢我们，但是他长得实在抱歉，我们也不会把他作为我们的约会首选，我们不想委屈自己。

我们一直在努力保持平衡，最吸引人的伴侣是那些长相还过得去，也很有可能接纳我们的人。

那么，如何判断对方是否会接纳自己呢？

此处引出一个心理学名词：适配价值（mate value）。

其实就是我们给自己的吸引力打多少分。

如果我们觉得我们是高适配价值的、高吸引力的、有才有貌、有钱有品、妥妥的 90 分女人，我们就会希望有 100 分的男人来追求我们。

我们会坚持我们对伴侣的高要求，通常，我们确实能找到这样的伴侣[8]。

适配价值是一道判断题，是自己对自己价值的估算，所以可能出现两种结果。

高估自己：例如你其实是个 70 分姑娘，你坚持认为自己起码 90 分。70 分的男人对你苦苦追求，你不屑一顾，却苦苦追寻 100 分的男人，此时，一句歌词送给你："爱我的人为我痴心不悔，我却为我爱的人甘心一生伤悲。"

低估自己：害羞的人（Wenzel & Emerson，2009）[9] 或者低自尊的人 [10] 往往高估别人拒绝他们的可能性，这个时候他们可能会选择与之并不匹配的伴侣。这个时候就会出现"鲜花插牛粪，美女配猪头"。

既然我们喜欢那些接纳我们的人，那么，对所有人都好，都表达接纳会增加吸引力吗？

一项快速约会的实验发现：你要是来者不拒，对所有人都肯定、都微笑，全部说好，你的配对成功率将跌至谷底。

而你对前面 30 个人都说了"不"，只对第 31 个人说"好"，你的配对成功率将升至最高。

譬如，你看见一个帅哥对你微笑，你十分动心。哇，他的眼睛里有星星！

然后，你发现他还对阿花、阿猫、阿狗全部发射了小星星，你心里是否失望极了，他的星星是批发的吗，这么廉价！

但是，如果他对阿花、阿猫、阿狗都很高冷，却独独对你很温柔，此时，你对他的好感会迅速升至最高点，谁不想做那个唯一呢！

总结一下，为了脱单，我们要广撒网，我们要努力表达友善，但是对所有人表达友善，又会降低个人魅力。

研究发现，最好的接纳来自那些挑剔的恋爱对象 [11]。

也就是说：我们容易和那些喜欢我们的，并且只喜欢我们的人交往。

言情小说中有句肉麻的话让每个女人都很受用：弱水三千只取一瓢（曾经这句话也成功骗取了年幼无知的我很多眼泪）。

对大部分人冷若冰霜，只对一个人表露热情是增强吸引的一种方式。

记不记得我们小时候看武侠片，最喜欢的就是那种对所有人都心狠手辣，但对自己心爱的姑娘热情似火的大魔头，如《倚天屠龙记》中的杨逍，光芒远远胜过三心二意的张无忌。

综上所述，关于爱情，几千年前我们的老祖宗在《诗经》里已经给出答案：投我以木瓜，报之以琼琚。匪报也，永以为好也。

只有感情中你来我往、礼尚往来，才有珍贵的永结同心、永以为好。

所有的人际关系都是追求奖赏和回报的。我们喜欢漂亮的人，喜欢聪明的人，喜欢有能力的人，喜欢性格好的人，但是我们最喜欢的，是那些喜欢我们的人。

那么，要让别人喜欢你，很简单，先去喜欢喜欢他（她）就行了。

1.5
拓展：你们是什么关系

我们来做一个测试吧，来测测你和他（她）是什么关系！

常见的有两种关系：一种叫作交换关系，一种叫作共有关系。两者的差别如下：

当你帮他人忙的时候，如果是交换关系，你会期待他人的立刻回报；如果是共有关系，你可能压根儿就没考虑过回报，你会觉得能帮到他，自己也很开心，自我评价也会变高。

当他人帮我们忙的时候，如果是交换关系，你也期待他人立刻要求自己回报，总觉得欠别人一个人情心中不安；如果是共有关系，你会心安理得地享受这种帮助。

当和他人共同完成任务的时候，如果是交换关系，会极力分清楚哪一块是谁的责任，谁该负责。如果是共有关系，你会觉得你会做就多做点，我会做就多做点，我要是超级会做，就全部做了也没关系。

如此看来，交换关系更低端、更不亲密，共有关系更高端、更亲密。

那么，现在你们两个是哪种关系呢？

指导语：想象一个人，可能是你的恋人，也可能是你的朋友，根据下面的量表等级，填写你对你们关系的评定。

0　1　2　3　4　5　6　7　8　9　10

一点也不　　　　　　　　　　　　　　非常

1. 相隔多远你才愿意去探望对方？

2. 能够帮助他（她）的时候你有多快乐？

3. 你可能给予对方的利益有多大？
4. 为满足对方的需要你会承担多大的代价？
5. 把对方的需要置于自己的脑后有多不容易？
6. 满足对方的需要对你来说优先性有多高？
7. 为对方作出牺牲你有多甘愿？
8. 为了让对方获益你愿意放弃的利益有多大？
9. 为对方办事你会走多远？
10. 拒绝帮助对方有多难？

你和他（她）是什么关系，你清楚了吗？

第 2 章　择偶日记本

2.1 女人爱财，男人好色

心理学关键词：

择偶的性别差异

进化心理学

1. 择偶的性别差异

我们先来玩一个关于需求的游戏。

0 ～ 5 岁：女孩的需求→妈妈；男孩的需求→妈妈。（哈哈，爸爸去哪儿了？）

6 ～ 10 岁：女孩的需求→不是讨厌的男孩子就可以了；男孩的需求→可以陪我欺负女孩子的男孩。（这个时候女孩和女孩玩，男孩和男孩玩，男女之间有条清晰的“楚河汉界”。）

11～15 岁：女孩的需求→十六七岁的大哥哥；男孩的需求→足球、篮球、网球、乒乓球……（女性明显情感成熟早一些，男孩需要用各种球类运动来发泄旺盛的精力。）

16 ～ 20 岁：女孩的需求→大家都称赞的“大帅哥”；男孩的需求→女人，女人就可以了！（此时为男性的低潮期：个子瘦竹竿，脸上都是痘，本事没“炼”成，正是人生最“矬”时。）

21 ～ 25 岁：女孩的需求→ 25 ～ 29 岁的男人，有事业、品位、才华；男孩的需求→ 20 ～ 24 岁漂亮又身材好的女人。（各位男同胞，请牢记你们此刻的选择，因为你们会十分专一，不再改变。）

26 ～ 30 岁：女孩的需求→比自己年长、比自己有事业的男人；男孩的需求→ 20 ～ 24 岁漂亮又身材好的女人。（果真男人很专一。）

31 ～ 40 岁：女人的需求→心灵契合的好男人；男人的需求→ 20 ～ 24 岁漂亮又身材好的女人。（发现没，女性的择偶要求在降低。）

41 ～ 50 岁：女人的需求→男人；男人的需求→ 20 ～ 24 岁漂亮又身材好的女人。（此时，女性的要求降到最低，如果女性依然坚持自己的高标准，她们很可能会一直单身。）

51 ～ 60 岁：女人的需求→能与她相伴终老的男人；男人的需求→ 20 ～ 24 岁漂亮又身材好的女人。

71 ～ 80 岁：女人的需求→五六十岁时找到的那个，不需要自己照顾的男人；男人的需求→ 20 ～ 24 岁漂亮又身材好的女人。

81 ～ 90 岁：女人的需求→比自己迟死的男人；男人的需求→虽然我已经老花眼，看不清楚……但是我还是希望是 20 ～ 24 岁……

游戏结束，男人心情很好，女人心情很差。

为什么男性在择偶中如此重视女人的年轻和美貌呢？想想那个“阴魂不散”的 20 ～ 24 岁。

为什么女性在择偶上更加执着于男人的才能、事业、经济实力和物质基础呢？

一项网络交友机构的内部数据显示：那些相貌不佳的男士（外貌吸引力最低的 10%）每年需要多挣 18.6 万美元，女性对他们的关注度就能和对长相英俊（外貌吸引力最高的 10%）的男子一样高（Hitsch et al.，2010）。

也就是说，财富真的能为外貌加分。

试想生活中我们经常遇到一个美女挽着一个其貌不扬的男子，你心中是不是情不自禁地浮现出一个想法：这男人肯定有钱！

2.“女人爱财，男人好色”的进化心理学解释

进化心理学（evolutionary psychology）隆重登场，让我们来揭开它神秘的面纱。

进化心理学是心理学众多理论流派和研究领域中的一个分支，最近这几年特别火，说到“进化”，顾名思义，进化心理学是以达尔文的进化论为理论基础的。

进化论的核心是适者生存，进化论告诉我们无论人类如何发展进步，我们本质上的追求只有两件事：活着（survival）和繁衍（reproduction）。

自己先活着，再把自己的宝贵基因繁衍下去。

进化心理学认为：进化论适用于人类的生理机制，同样也适用于我们的心理机制[12]。男性、女性因为彼此的生理构造不同，因此在繁衍后代这件事情上，想要达成的目的、遇到的困难也有所不同。

男人为何一直到老都喜欢 20 ～ 24 岁漂亮又身材好的女性？

1. 20 ～ 24 岁是女性生育能力最强的时期。

2. 漂亮的女性更可能生出漂亮的孩子，这样的孩子是更有竞争力和更优秀的后代。

3. 好身材在男人眼里就是“腰臀比”合适，“腰臀比”合适的女性更容易生出健康的宝宝。

一切都有目的，刻在基因里的生存和繁衍的目的。

再来看看女性，女性为何喜欢有资源、有地位、有经济实力的男性呢？

女性在社会上一直是弱势群体，女性在养育孩子上亲本投入（parental investment）非常大，她们更需要丰富的资源和避风的港湾为她们自己和孩子提供物质基础和稳定的居所。

所以，女性终其一生都在寻找能给她们带来安全感的男人。

1. 女性不那么在意伴侣是否年轻，是因为男人终其一生基本都有

生殖能力，事实上，女性一生都在寻找比自己略大几岁的男人（Dunn et al.，2010）[13]。

2. 女性在意男性是否有钱，是因为很多时候财富可以和安全感画等号。如果一个男人在约会的时候表现得像铁公鸡，基本上他不会获得任何异性的青睐。

3. 女性有两套“系统”：一套用来恋爱（短期择偶），一套用来结婚（长期择偶）。两套系统平行运行，互不干扰。

女性恋爱遵行快乐原则，她们想找阳光帅气，拥有迷人微笑的男性，因为爱美是人的天性。

女性择偶的时候遵循实用原则，她们会果断舍弃帅哥，因为帅哥让人不安，如果你长得忠厚老实，很可能会是婚姻市场的抢手货。

在婚姻市场上最受热捧的男性人设是忠诚靠谱、勤奋上进，这些人设内容意味着女性以后更可能享受男性带来的资源与保障。

总结一下，男性的繁殖力大于女性，而女性的亲本投入大于男性。这两个核心性别差异，会造就男人和女人在择偶上的心理差异。

男人希望找到漂亮能生育的女人，这就是“男人好色”；女人希望找到能为自己和孩子提供资源的男人，这就是“女人爱财”。

3. 公平交易是进化心理学的核心观点

以前我提到人际关系的本质是相似相吸，很多人不同意。他们表示现实生活中有很多压根儿不相似的夫妻，比如说老夫少妻，年长的富翁和年龄小到足以做他女儿的小娇妻。

其实，这两种人从社会资源的角度来讲，反而是匹配的。女性以年轻貌美交换男性的社会地位、经济资源，这样的夫妻搭配非常普遍（Mathes & Kozak，2008）[14]。

这个时候，很多读者心都碎了。为什么好好的爱情故事讲得这么庸俗，我不相信，难道世界上的女人都喜欢有钱的男人吗？

首先，美貌和财富是人类的共同追求。大多数女人不仅喜欢有钱的男人，同时也喜欢长得帅的男人。“东餐西宿”是女人压箱底的秘密。

同理，大多数男人不仅喜欢漂亮的女人，也喜欢有钱的女人。

“女嫌男穷明晃晃，男嫌女穷暗戳戳”，大家本质上都在追求更加美好的事物罢了。

其次，心理学研究的是大多数情况，是统计结果，是在现实的语境下大部分人的普遍选择，不能代表个例。

有个好消息，随着女性地位的提升，女性的经济实力越来越强，她们反而不再那么需要依靠男性来获得经济资源和社会资源。

近期的研究结果发现，女性越聪明、能力越强，其寻找有财富、有地位的伴侣的欲望就越低（Stanik & Ellsworth，2010）[15]。因为她们的经济实力已经为自己提供了足够的安全感，所以不再需要把安全感寄托在男人身上。

也就是说，如果世界终有一天男女真正平等，大家更可能遵循自己的内心来寻找伴侣，而不执着于外在的条件，衷心期盼那一天早日到来。

2.2 完美先生和差不多先生

心理学关键词：

足够好的伴侣

故事 1：苏格拉底和大麦穗

苏格拉底让学生们去一片麦田拾麦穗，他要求学生们拾那个最大、最金黄、最饱满的麦穗，但是全程不可回头。

老师是大牛，他的话不可不听，学生们卖力地寻找那个最大、最金黄、最饱满的麦穗，每当拾到一个大的麦穗，他们总会摇摇头，认为前方还有更大的，结果大家都知道，最后所有人都两手空空失望而归。

苏格拉底又让学生们去砍松树，要砍那棵最挺拔、枝叶最繁茂的松树，同样是一路向前不可回头。

学生们吃一堑长一智，他们走了大半路程后，主动选择了一棵看上去还不错的大松树。

这个麦穗叫作爱情，这棵松树叫作婚姻。

你们听明白了吗？

如果你们嫌这个故事老气横秋，我来讲个时髦点的，讲个我的最爱——逛商场的故事。

故事 2：关于本能

告示牌：此商场只允许女性进入，一个人只能进去逛一次，店里共有六层，随着楼层的上升，男人的质量也越高，不过请注意，顾客可以在任何一层楼选一个丈夫或者选择上楼，但不能回到以前逛过的楼层。

一楼写着：这里的男人有工作。（哼，上楼。）

二楼写着：这里的男人有工作且喜欢小孩。（嗯，上楼。）

三楼写着：这里的男人有工作、喜欢小孩，而且还很帅。（还不错啊，上楼吧。）

四楼写着：这里的男人有工作、喜欢小孩，而且帅得令人窒息。（好心动啊，还是上楼吧，上面肯定会有更好的。）

五楼写着：这里的男人有工作且喜欢小孩，令人窒息地帅，还会帮忙做家务，更有强烈的浪漫情怀。（天啊，就选五楼好了，但是六楼是什么神仙男人啊，此时不上楼，我会不会后悔一辈子，一辈子都在想那个六楼的男人？还是艰难地上楼吧。）

六楼写着：你是这层楼的第 123456789 位访客，这里不存在任何男人，这层楼的存在只是为了证明女人有多么不容易被取悦。谢谢光临。

不久，一家专营男性婚姻服务的店在街对面开张，经营方式与前者一模一样。第一层的女人长得漂亮；第二层的女人长得漂亮并且有钱……结果，二层以上没有一个男人去过。

两个故事结束，大家陷入沉思。发现了吗，男女对伴侣的期望值不一样。

女性的本能是幻想，她们常常对伴侣充满各种期待和幻想，总希望找到那个千万人中唯一的真命天子。

男性则现实得多，择偶的时候只要自己觉得对方可爱顺眼、条件合适，就想赶快娶回家。男性寻找的应该叫作“差不多”爱人，也被称作“足够好的”爱人，指的是对自己而言足够好的伴侣。

所以人生的真相是：优秀的姑娘常常单身，而优秀的男士基本已婚。

也许，在择偶上，女人真的要向男人学习。

“足够好的”一词，源于著名精神分析学家温尼科特关于“足够好的母亲”的论述。

所谓“足够好的母亲”是相对于“完美母亲”而言的。

温尼科特认为，足够好的母亲虽不能满足孩子的全部需求，但能提供一些生存的必需，如安全的成长环境、必要的情感联结等[16]。其实，这些对孩子的成长就已足够。

温尼科特的提议让全世界立志要做无敌铁金刚的焦虑妈妈松了一口气，原来她们不需要做一个完美妈妈，做一个差不多的妈妈就已经足够。

那么，我提议：原来我们不需要找一个完美爱人，找一个差不多的爱人就足够。

差不多的爱人哪里寻？先来看看我们的理想伴侣。

理想伴侣

尽管存在着性别差异，但在一些重要的择偶标准上，男女是基本一致的，我们都希望伴侣：

（1）热情忠诚、值得信赖（性格好的）。所以，请在寻觅爱人的时候打开真心，把你对她（他）的好感用言语、用行动表达出来，不要吝啬表达，不要惜字如金，不要故作高冷，不要欲擒故纵。人与人的交往没有“读心术”，你喜欢她（他），你就应该让她（他）感受到。

你常发现，一群女孩当中那个最甜、最爱笑、最活泼的姑娘总是最容易受到男性的关注，哪怕她不是最美丽的。

（2）具备吸引力和活力（有吸引力的）。一段关系中活力非常重要，如果两个人之间的关系总是死气沉沉、缺乏交流，这种关系很可能会丧失生命力。

（3）具备一定的社会地位和资源（有资源的）。男人和女人都喜欢好看、有能力且具备一定经济地位与社会地位的另一半。特别是在竞争激烈的现代社会，谁不希望自己的另一半给自己提供更多的精神支持和物质支持呢？

这些特点都非常重要，但是优先级不同。

首先，这取决于我们要开始的是一段短期的露水姻缘还是一段长期的认真关系。

可以想见，男女两性对短期伙伴的要求，远远不如对长期伙伴那么苛刻和挑剔（Fletcher et al.，2004）[17]。

如果我们只是因为孤独寂寞想找个人来陪，压根儿没想过未来，我们有可能接受那些智商、收入水平、学历层次远远不如我们的小伙伴。

比如女性在考虑短期情人的时候，只要他有迷人的眼睛和强壮的肌肉便可，是否可靠、是否忠诚、是否对她关怀备至，她压根儿不在意（Frederick & Haselton，2007）[18]。但是，一旦决定挑选自己的终身伴侣，女性会立马清醒过来，此时：

良好的品格＞英俊的外表

才华和能力＞强壮的肌肉

女人在考虑长久的亲密关系时，更看重热情、忠诚、社会地位和经济资源，而不那么在意长相吸引力（Fletcher et al.，2004）[19]。

当然，在鱼与熊掌不能兼得的时候，普通的女性更可能喜欢友善、体谅和富裕的男人，而不是英俊但贫穷或者富有但不忠的男人[20]。

如果我们真的想走进一段长期稳定的亲密关系，我们需要寻找的是差不多先生而不是完美先生。

如果我们坚持要我们的伴侣又友善、又温柔、又美丽、又富裕，我们可能会长期处于失望和沮丧中（Tolmacz，2004）[21]。

如果你是个男孩，你大概应该首先保证女友至少有看着顺眼的长相，再去寻找尽可能多的热情、友善、诚实、善良[22]。

如果你是个女孩，你可能要首先确保男友至少有点金钱和前途，再去寻求尽可能多的忠诚、稳定、幽默和智慧。

祝福你早日找到你的差不多伴侣。

2.3
防“渣男”指导手册

心理学关键词：

“渣男”心理学

女性独特的低自尊

“你对我实在太糟糕，我对你却太好，如今我只能自己后悔，只能自己苦恼。”

范晓萱的《你的甜蜜》是我小时候最爱听的歌，到现在蓦然回首，才发现其中充满了许多心理学的真味。

为什么有些男人仅靠甜言蜜语就能骗取一个又一个姑娘的芳心？

为什么很多女人很难离开一段“有毒”的关系？

追我的人很多，但是为什么个个是“渣男”，难道我真的有“吸引渣男的体质”？

先来谈谈“渣男”，关于“渣男”的社会新闻层出不穷。

某高校学生会主席利用职权和 11 个女孩同时约会；某高段位“渣男”被现女友曝光手机内容，脚踏多只船，手机中多名交往女生个个性格特征有备注。

这个世界太奇怪，情感资源分配极其不公平。一面是无法找到另一半的广大直男朋友，忠诚、务实、一腔真情无处交付；一面是各种深谙女性心理的“老司机”，甜言蜜语张嘴就来，没什么本事还能坐拥后宫佳丽三千。

问题在哪里？我们先谈一谈“渣男”心理学。

1.“渣男”的撒手锏：虚假蜜糖 + 真实打压

在自然界中，雄孔雀在求偶的时候都会孔雀开屏、炫耀羽毛。我们来看一个关于“孔雀渣男”的故事。

雄孔雀 A 求偶成功，获得交配权的时候会发出胜利者的鸣叫，这时会吸引一大帮“吃瓜”雌孔雀来围观。哇，它真强壮！哇，它真威武！

如此良性循环，雄孔雀 A 就能得到源源不断的配偶资源。

雄孔雀 B 在展示了自己的羽毛 108 个小时后，没有吸引来一只雌孔雀。它灵机一动，模仿雄孔雀 A 发出胜利者的鸣叫，哇，一群“傻白甜”雌孔雀争先恐后地跑过来一睹英姿，没想到却正好落入雄孔雀 B 的陷阱。

没错，雄孔雀 B 就是孔雀界的“渣男”。

“渣男”第 1 招：虚假蜜糖

现代社交媒体的繁荣为“渣男”提供了绝佳“炫耀羽毛”的场所，相对于面对面沟通，网络赋予了呈现者更多的控制权。

也就是说，现在的人比过去任何时候都有能力打造一个数字的虚假自我。

有姑娘来咨询室找我哭诉，我惊讶地发现她对已经交往两年的男友的了解仅限朋友圈，对对方的真实生活一无所知。

天啊，这姑娘的心真够大。在互联网时代，你可能都不知道对面和你聊天的是不是一条狗。

“渣男”第 2 招：真实打压

我某天坐地铁，听见旁边一个油腻的男人对他清秀白净的女朋友说：“原来你也是这样的女人，原来你也需要一个奢侈品牌包包才能证明你的价值，我真是看错你了，我以前觉得你和一般的女人不一样。”

他女朋友的脸立刻涨得通红，满脸羞愧和尴尬。

瞧，“渣男”打压和控制单纯善良的“小白兔”是不是太容易了？

哪怕那个品牌包包是“小白兔”自己挣钱买的，她那一刻也会觉得自己是不是不够好，会不会太虚荣。

很多女性在面对“渣男”的时候很容易被洗脑，她们会自我怀疑，会贬低自己，甚至会怀疑自我的价值，认为自己真的没有那么好。

“渣男”通过打压女性自尊来满足自己的自私自利和贪婪索取，也为自己不负责任做铺垫。比如他们常说：“你自己很差啊，所以我抛弃你是应该的，不是我的错，都是你自己的错。”

这招真狠，很多女孩被“渣男”欺骗的不只是感情，还会丧失多年努力建立的自信。

问题来了，“渣男”能用打压控制女性，但是反过来，也有些骗财骗婚的女性，她们却从不用打压控制男性，为什么？

2. 女性独特的低自尊

研究发现：在不同的文化环境中，不论女性处于哪个年龄段，她们的自尊水平都比同年龄段的男性要低（Bleidorn，2016）[23]。

相比男人的过分自信，女人更容易看低自己。

5 岁的小女儿问我：“妈妈，为什么女孩穿得很漂亮还是觉得自己不够漂亮，而男孩穿得乱糟糟还觉得自己很帅？”

我们发现，一个其貌不扬的男人经常觉得隔壁阿花都喜欢自己，而常有长相、事业都优秀的女人觉得自己不够好，得不到他人的爱。

女性的低自尊主要表现在以下方面。

A.“我不希望你不高兴”——取悦者倾向

当一个人生了女儿，我们会说恭喜你拥有了一件贴心的小棉袄。

如果你观察小朋友，你会发现小女孩天生对周围人的情绪感知能力很强，小女孩从小就会“识人脸色”。

“妈妈不开心了，是不是爸爸又惹她生气了？”

“老师不高兴了，是不是我没有表现好？”

对比同年龄的小男孩，你会觉得这些男孩个个都没心没肺，跟糊涂蛋一样。通常是妈妈气得头顶冒烟，他们还在地上打滚撒泼。

那么，当小棉袄好，还是当糊涂蛋好？

对他人情绪的敏感代表着情绪感知力强，在人际交往中更容易具备同理心，更容易让人际关系融洽。

但是对他人情绪过分敏感意味着更容易受到他人情绪的影响，更容易为他人的负面情绪买单。

“我一看他脸沉下来了，就忍不住想说点好话缓和下气氛。”

“争论的时候，只要他有不同意见，我都会顺着他的意思，不然两个人僵持不下，太尴尬了。”

因为太善于察言观色，太替人着想，女性反而很难勇敢表达内心的真实想法。

女性常用讨好的方式来避免受到他人负面情绪的攻击，来保持和谐的人际关系。相对来说，男性时常察觉不到，或者压根儿不怎么在意他人的情绪。

B.“我一定要兼顾家庭和事业的平衡”

“你如何兼顾家庭和事业的平衡？”

“这个问题你怎么不去问问男人？”

女性对如何平衡家庭与事业感到更焦虑。

“女强人家庭不行。”

“女人赚再多钱有什么用，连婚都结不了。”

这些评论是不是很耳熟？甚至我的一位在外呼风唤雨、叱咤风云的成功女性朋友也在一个深夜向我吐真言：“我这辈子，所有的钱都是自己挣的，就没本事花到男人一分钱！”

无论事业做得多好，只要家庭经营失败，女人依然会觉得自己是个失败者。相反，男人可以坦然为了工作牺牲家庭。

女性对自己的过高要求也会降低女性的自尊。

C. 在亲密关系中，女性更容易妥协，更容易牺牲

我以前发起过一个讨论：你和你的伴侣，如果只有一次机会，你更希望谁晋升？

虽然很多的回答是“谁强谁晋升”，但是更加普遍的观点依然是：我希望我先生晋升，他专心事业，我专心家庭。

据调查显示，一个家庭，如果男性的工资是女性的两倍，家庭结构最稳固。

同时，很多女性会说，如果自己比先生挣得多，自己在家里反而有些抬不起头，需要时时刻刻绞尽脑汁尽力维持先生的自尊和体面。

你是不是觉得难以想象？举个例子：你先生一个月挣 7 000 元，他觉得十一出游省内景点逛一逛就得了，你一个月挣 3 万元，你当然更想去欧洲啊。

最终你们会选择去哪儿旅游？

很可能还是省内某景点，因为你要考虑你先生羞涩的口袋并保全他高贵的自尊。

当亲密关系出现问题，女性也更容易内部归因怪罪自己，“是我不够好，他才会离开我”，当自己的需要和他人的需要产生冲突时，女性更倾向于牺牲自己的利益。

其实女性低自尊的表现远不止这些，还有更加显而易见的，如女人比男人更怕老，女人比男人有更重的颜值焦虑，看看女性化妆品柜台那一排排美白抗皱各式神仙水，谁给了女性这么严重的焦虑？

也许，低自尊真得背锅。

2.4
是我一直太懂事

心理学关键词：

自尊

约拿情结

成功恐惧

我们从小到大，一直被教导要听话、要懂事，因为大人们会喜欢懂事的我们，事实真的是这样吗？

如果一个人符合以下五条描述，你对他是什么感觉？

（1）一旦产生冲突，他总是先道歉，缓和了关系再说。

（2）从小到大，无论父母、老师、领导对他有什么要求，他总是拼尽全力去满足。

（3）他特别在意自己的外在形象是否得体，总怕被人批评。

（4）别人一夸他，他就难受，连忙摆手说，都是别人的功劳。

（5）如果受到批评，他首先想到的是自我反省。

你觉得这个人怎么样？温良恭俭让？懂事？对，就是懂事。

我们接着来看心理学家关于低自尊的五条描述（J.V. Fennell，1999； Newsome，2015），你中枪了吗？

（1）面对别人的愤怒，你是否总是控制不住想道歉，即使你并没有做错什么。

（2）你是否总是满足别人的要求，却不善于照顾自己。

（3）你是否总是非常在意自己的外貌和打扮的细节，觉得这样才能吸引别人。

（4）如果别人夸你，你会觉得非常不自在，甚至反驳他们。

（5）一旦对方批评你的观点，你会不自觉地妥协。

天啊，懂事不是一种美德吗，怎么变成了低自尊？我的内心受到暴击。

1. 自尊的诞生

先来看看什么叫自尊。自尊是人们如何看待自己的核心信念（central belief），它是人们看待自己的方式，对自己的评价与想法，以及人们赋予自己的价值感。

有很多人喜欢自己，他们觉得自己很容易获得他人的喜欢，这些人通常具备高自尊。

有很多人不喜欢自己，他们经常怀疑自己得不到他人的喜欢，这些人通常具备低自尊。

毋庸置疑，高自尊的人一般比低自尊的人活得更健康和幸福（Crocker & Luhtanen，2003）[24]。

“我的地盘听我的，我的自尊我做主。”这句话听上去雄心勃勃，但是我告诉你，你压根儿做不到。

自尊看起来是一件很自我、很酷的事，其实却是一种由他人、由人际关系来操纵的事。我们人类作为高级社会化的动物，如果他人不喜欢我们，我们想要一厢情愿地喜欢自己非常难，除非是自恋型人格障碍。所以，自尊又被称作“社会关系测量仪”（sociometer），可以测量我们的人际关系质量[25]。

如果我们身边的人喜欢我们，我们就喜欢自己；如果他人经常给我们积极的反馈，认同我们，看重我们，我们的自尊水平就高。

同理，当我们经常遭到人际拒绝，被贬低或者漠视，就会降低我们的自尊。

怪不得这么多人“爱你在心口难开”，一旦被人拒绝多伤自尊啊。

一些关于自尊的研究发现值得玩味。例如，一个人的自尊感高低和他的实际情况并不完全相符。有的人很普通，但幸运地被喜欢的人围绕，他拥有高自尊；有的人很出色，却总是遇到打压、贬低自己的人，他拥有低自尊。

低自尊还容易恶性循环。例如，低自尊的人会低估伴侣对他们的爱。

人有自证倾向，人们总是只能看到他们愿意看到的东西。于是，低自尊的人总能看到伴侣不够重视他们的地方（如伴侣今天没能接她下班），而难以看到伴侣对他们的好（以前每一天，伴侣都接她下班）。与高自尊者相比，低自尊者会感受到更多的拒绝，遭受更多的伤害，因此变得更加疑神疑鬼、患得患失。

高自尊的人会更加勇于追求爱情和表达爱情，“我知道我足够好，所以我没有那么害怕受到拒绝”。而低自尊的人则更容易把他们脆弱的自尊心置于亲密关系之上，“我不能被拒绝，一旦被拒绝，我什么都没有了”。

总的来说，自尊起源于人际关系，而且一旦形成很难克服，并且会持续地影响以后的人际关系（Carmichael et al.，2007）[26]。

2. 低自尊的表现

A. 好的东西不敢拥有，觉得自己只配拥有差的

例如，她明明月收入过万，没有房贷、车贷的压力，还坚持只穿地摊货。

长辈们对她竖起大拇指：这姑娘真懂事啊！

B. 好的感情不敢追求，有毒的关系无法摆脱

例如，她的历任男朋友都被别人评价为“配不上她”。

一个80分的优秀姑娘可能因为低自尊，对自己的评价只有60分。此时，如果有一名80分的男性和一名40分的男性同时追求她，你觉得她会选择谁？

居然是40分的男人更容易胜出，不怪“鲜花插牛粪”，谁让“鲜花”自尊低。

低自尊让她们不敢去追求那些真正好的东西，甚至在有机会拥有好东西时主动拒绝。

因为她觉得自己不值得。相反，不怎么好的、有瑕疵的人和事让她们感到安全，能够安心占有。

长辈们现在不满意了：这孩子是不是缺心眼啊！（你们不能这样，这还是前面那个被你们表扬过懂事的孩子啊。）

此处引入一个重要的心理学概念：约拿情结。

约拿情结（Jonah complex）是心理学大师马斯洛率先提出的。约拿情结就是对成功的恐惧、对成长的恐惧。

一个聪明的青年人，他在学校里成绩很好，但在高考前夜突然生病了，以至于失去了考试的机会。后来他工作了，工作能力很强，颇得领导赏识。但是在他马上就要得到一次关键升迁的时候，他又辞职了……

心理学发现：人们不仅躲避自己的低谷，也躲避自己的高峰。不仅畏惧自己最低的可能性，也畏惧自己最高的可能性。

我们很多人内心都深藏约拿情结，约拿情结发展到极致就是自毁情结，即面对荣誉、成功、幸福等美好的事物时，总是觉得“我不行”“我不配”。

3. 低自尊的成因

A. 童年困境：打压和苛责的父母

“我不行”——想获得妈妈的表扬，我第一次尝试自己用勺子吃饭，结果撒了一地，妈妈说：“让你逞能，你怎么这么笨呢！我又得给你洗衣服！”

尝试一次又一次被打断，自信心会降低，我告诉自己“我不行”。

“我不配”——当我想要一件裙子作为生日礼物的时候，爸爸说：“你这么小怎么能穿这么贵的裙子啊，弄脏了怎么办？弄坏了怎么办？小小年纪这么虚荣像什么样子！”

要求一次又一次被否定，以后遇到好的人和事，我告诉自己“我不配”。

随着我们长大，这六字魔咒会一直伴随我们。

长大后，当机会来临时，我们做的并不是客观评估我们的能力，而是用小时候的经验模式再一次说服自己，我怎么可能把握得住这次机会，我不行。

当一个优秀的男人出现，我们的心怦怦跳的时候，那个小小的遭受挫折的我又会跳出来说，他怎么可能真心爱我？我不配。

我们每个人都可能成功，都可能获得幸福，阻碍我们的到底是什么？

是约拿情结还是低自尊？

太懂事的孩子真的可能没糖吃。

B. 负面经验

不单是早年经验，长大后的负面经历也会导致低自尊。即使曾经对自己很自信的人，一旦遭遇坏的人和事，自尊心也会受到伤害。

很多“第一次”的不愉快经历会降低人的自尊。

比如第一份工作，在建立职业自信的时候，遇到一个情绪难以控制、吹毛求疵的上司，经常挨批评，受到不公平的待遇。

“你真的是‘211’的大学生吗？我找个技校毕业的都比你强！”

“你连这么小的事都做不好，真是个废物！”

比如第一个爱上的人是一个自私、喜欢控制和操纵他人情感的人。

“你怎么这么爱虚荣，没有人会真心喜欢你！”

“你会孤独终老的！”

如果你缺乏在逆境中的弹性，如果你真的太相信这些话，而不愿意相信自己的感受，你可能真的会崩溃，你很可能会由一个开朗自信的阳光小伙变得沮丧低落、畏手畏脚，你也可能从一个对爱情充满憧憬的姑娘变得封闭自己，不相信爱情。

想起孙燕姿的一首歌《懂事》：“是我一直太懂事，任你自由地犯错，错到无法再让你留在我的世界，是我选择了懂事，而你的回应是放纵，我会冷静看着你离开我的世界。”

最终，歌中的女主角选择放手，结束这段因为懂事委曲求全的糟糕关系，如果你是她，你有足够的勇气选择放手吗？

有时候，及时止损，学会放弃也是一种真正的高自尊。

2.5
拓展：自尊的测量

指导语：这个量表是用来了解你是怎样看待自己的。请仔细阅读下面的句子，选择最符合你情况的选项。请注意，这里要回答的是你实际上认为你自己怎样，而不是回答你认为你应该怎样。答案无正确与错误或好与坏之分，请按照你的真实情况来描述你自己。

1. 选项：1—非常符合　2—符合　3—不符合　4—很不符合

（1）我感到我是一个有价值的人，至少与其他人在同一水平上。

（2）我感到我有许多好的品质。

（3）归根结底，我倾向于觉得自己是一个失败者。

（4）我能像大多数人一样把事情做好。

（5）我感到自己值得自豪的地方不多。

（6）我对自己持肯定态度。

（7）总的来说，我对自己是满意的。

（8）我希望我能为自己赢得更多尊重。

（9）我确实时常感到自己毫无用处。

（10）我时常认为自己一无是处。

2. 计分

自尊量表（SES）是一种设计用以评定个体关于自我价值和自我接纳的总体感受的量表。

本量表已被广泛应用，它简明、易于评分，是对自己的积极或消极感受的直接评估。

对于 1、2、4、6、7、8 题正向计分，非常符合计 4 分，符合计 3 分，不符合计 2 分，很不符合计 1 分。

对于 3、5、9、10 题反向计分，非常符合计 1 分，符合计 2 分，不符合计 3 分，很不符合计 4 分。

分值越高，自尊程度越高。

研究一般认为，25 分以下为低自尊，26 ～ 32 分为中等程度的高自尊，33 分以上为很高的高自尊。

3. 解释

是不是自尊分数越高越好呢？

低自尊让我们不快乐，让我们不能够勇敢追求自己所爱，但是自尊过高也不大好，它会让我们充满攻击性，缺少敬畏感，影响我们的人际交往。

所以，自尊适度最好。

我很喜欢一句话：我们要有宇宙观。当你知道你只是宇宙中的一粒尘埃，你更能充满对世界的敬畏和爱，然后乐天知命、活在当下。

第 3 章　脱单说明书

3.1 世界孤单，需要一个同类

心理学关键词：

马斯洛需求层次理论

爱和归属的需求

李白有诗云，“举杯邀明月，对影成三人”。有人相和，“酒逢知己千杯少”。无人相陪，只能一人饮酒醉。

在你孤单的时刻，你有没有期盼过一个同类？如果一个人变成两个人，生活会不会更快乐？

1. 脱单为了满足爱和归属的需要

著名的人本心理学家马斯洛有个著名的需求层次理论。他把人的需求从低到高分为五个等级，分别是生理需求（physiological needs）、安全需求（safety needs）、爱和归属感需求（love and belonging needs）、尊重（esteem needs）和自我实现的需求（self-actualization needs）。

越往下，需求层次越低，需求的力量越强。譬如生理需求和安全需求。刘慈欣在《流浪地球》中写到，当人们决定带上地球逃离太阳系的时候，求生欲压倒了一切，那个时候，人们对爱情和婚姻的责任感会变得非常薄弱。逃亡时代的人们翻阅太阳时代的前人留下的小说日记，看到人们在爱情中痛不欲生、死去活来感到非常诧异。所以，当人们只能满足生存需求的时候，个体的感受和对精神世界的追求会被挤压至最低。

越往上，需求的级别越高。譬如尊重的需求和自我实现的需求。需求层次越往上升，我们越来越活得像个人样儿、有人味儿。

在上层需求和下层需求中间还有一个需求承上启下，非常关键，就是爱和归属的需求。它既是一种生存需求，也是一种精神需求，力量强大，与幸福感和生活满意度密切相关。

2. 如果可以的话，其实每个人都想脱单

人是社会动物，我们常常听到如此说法。心理学也提供了可能的解释：这是人类进化的选择。

现在请大家在脑海里设想一幅原始社会的图卷：人类生活环境恶劣，野兽横行，疾病肆虐。

这个时候，原始人小 A 出现了，他很酷、很高冷，一个人“孤身走我路”，一个人打猎、觅食，在冷雨里湿透衣衫，然后抹把眼泪继续前行。

原始人小 B、小 C 和小 D 出现了，他们发现一个人的时候并不是每次都能找到猎物，他们想了个主意：抱团取暖，组团打怪。

小 B 身体强壮，负责和野兽正面搏斗，小 C 和小 D 负责在旁边呐喊助威，大家食物不愁。

小 C 警惕性高，大家睡觉的时候，他站岗放哨，大家睡觉无忧。

小 D 会烧火做饭，他烤的野兔香喷喷，大家心情愉悦。

这个故事的主角是谁？反正不是小 A，他单兵作战，半集左右就消失在历史的长河中。作为一个群众演员，他孤僻冷傲的基因也没能遗传下来。反观团结紧张、严肃活泼的小 B、小 C、小 D，他们更容易挨过漫长的史前黑夜，不仅自己活下来，也把“合群”和“社交”的基因遗传下来。

所以，孤僻的人比合群的人在子女繁衍和养育子女上成功率低得多。这样生存下来，并且能成功繁衍后代的就是那些“合群”的人。这种环境下，与他人建立稳定持续而充满关爱的人际关系的个性倾向

就具有演化学上的适应意义。

那些有伴的都活下来了，那些单身的都灭绝了。所以，人类的特质也慢慢演化成：十分在乎他人对自己的看法，并极力寻求他人的认同和亲密接触。

无论这种演化论的假设是否完全正确，毫无疑问今天几乎所有人都十分关注自己的情感需要。调查显示，绝大多数单身人士渴望拥有伴侣，只有少数单身者（4%）喜欢一个人过。

幸福的亲密关系是人生值得追寻的目标，如果我们的生命缺乏亲密感情，我们就很容易迷失人生的方向。

3. 脱单的重大意义

A. 亲密关系有利于我们的身心健康

亲密关系让我们身体棒棒。一项对美国 7 000 名成年人做的为期 9 年的跟踪研究发现，已婚者活得最长，离婚者居中，从未结婚者活得最短。你若问我什么是人生的成功，长命才是硬道理。

握住爱人的手能减弱人们面对危险情境时的脑反应（Coan et al., 2010）[27]，老虎来了、洪水来了，我也不怕！

只要看着爱侣的照片，疼痛好像也不那么强烈了（Master et al., 2009）[28]，切菜切到手了，第一时间不是去找创可贴，而是拿起爱人的照片。哇，伤口不疼了！

有人接纳和支持我们时，甚至伤口都可能更快愈合（Gouin et al., 2010）[29]，哇，我居然眼睁睁地看着伤口以肉眼可见的速度愈合，哈哈！

亲密关系让我们笑声朗朗。温馨提示：以下研究可能会颠覆日常思维。

在全世界，那些结了婚的人一般比没结婚也没恋爱的人更幸福，这个容易理解。

当然，快乐的伴侣比不快乐的伴侣更幸福，这个理所当然。

然而，即使伴侣关系并不幸福，大多数有伴的人仍然觉得自己比完全的“孤家寡人”要充实得多[30]。

也就是说，幸福的两口子 90 分，不幸福的两口子 60 分，但是“单身狗”只有 40 分！（这个研究是赤裸裸的单身歧视！）

其实回头想想，也许因为有伴，不再是一个人只身面对大千世界，那一份安心，那一份踏实，本来就是幸福的重要组成部分。

你们听说过“幸福肥”吗？很多人结婚以后都会幸福得发胖。我婚后就胖了 20 斤，别惊讶，我先生胖了 50 斤！也许是因为安定吧，有了停泊的港湾，安定让人发胖。

B. 缺乏亲密关系可能会导致各种健康问题[31]

大学生孤独无伴时，更易患上感冒（Pressman et al.，2005）。

有首歌曲叫作《爱是一场重感冒》，我的朋友 A，只要听说他高烧三天不退，我们就知道他又失恋了。

研究发现，那些朋友和爱人很少的人，比有充满关爱的亲密伴侣的人死亡率要高得多。缺乏亲密关系的人的死亡率是正常人的 2 ～ 3 倍（Berkman & Glass，2000）[32]。

C. 丧失亲密关系会增加我们的死亡风险

老布什去世了，在他去世前的 7 个月，他结发 73 年的爱妻去世了。我们用“鳏寡效应”来解释这个现象。

什么叫“鳏寡效应”？

我们小时候背过一篇课文：哀鳏寡，恤孤独，振困穷，补不足。“鳏”是鳏夫，指无妻或丧妻的男人；“寡”是寡妇，指死了丈夫的女人。

“鳏寡效应”是指：老年人在丧偶最初几个月死亡的概率大大增高的现象（Elwert & Christakis，2008）[33]。

也就是说，老伴俩人，如果其中一位去世了，那么在他（她）去世之后 6 个月内，另一个人成了高危群体，她（他）去世的可能性比一般有老伴的人要高 1 倍左右。

这告诉我们一个什么道理？

有老伴不仅能保障我们生活的幸福，还能保障我们身体的健康。

还有，“单身狗”还是有好处的，起码不会有“鳏寡效应”，因为“单身狗”压根儿就没老伴啊！

3.2
脱单指导手册

心理学关键句：

恋爱是一项需要练习和实践才能提高的技能（Kaufman，2013）。

朋友小 A 告诉我：“相处了很久的女友，已经到了谈婚论嫁的阶段，一次争吵后，她对我说，你不适合结婚，你会孤独终老的，然后我就好像被下了诅咒一样，一直单身。”

1. 你是哪一款单身类型

A 款：单身怪社会型

研究发现：社会越富足，越能接纳单身、包容离婚和支持晚婚（South et al., 2001）[34]，也就是说，支配亲密关系的社会规范改变了。

世界经济发展水平越高，人们变得越独立。有预测显示，10 年后，我们的魔都上海，女性会有 30% 单身。

单身不是我的错，单身必须怪社会，谁让社会对单身这么宽容。现在城市里，30 岁不结婚的人一抓一大把，换成 20 年前，谁敢轻易单身啊。30 岁还单身，不被三姑六婆的唾沫星子淹死才怪。

（晓文老师话外音：有本事别待在北上广深，回老家啊，让你领略到 20 年前三姑六婆的唾沫星子！）

B 款：追求自我型

我们对亲密关系的期望变高了。对自我越来越重视会让我们期望从亲密关系中获得更多的快乐和享受，减少不必要的麻烦和付出。

与上一代不同，我们的上一代许多人高中毕业几年之内就会结婚，无论婚姻幸福与否，他们往往会为了孩子勉强生活在一起。而现在，婚姻更多的时候成为一种选择（不是必选）。我们如果对婚姻不满意，会更加勇于结束一段糟糕的夫妻关系，重新追求满意的亲密关系[35]。

（晓文老师话外音：谁都想找一个乐于付出、勤于奉献的人结束单身，祝你好运。）

C 款：要求太高型

“你现在还不找对象是不是要求太高啊？”

“怎么会呢？我只是想找一个有感觉的啊。”

这个要求实在是太高了。

随着社交媒体的发展，人们对另一半的要求越来越高，高富帅、白富美，还要有一双大长腿。

越是长时间没有接触和体验到真实的亲密关系，越会让人对爱情有些不切实际的幻想。

很多女孩跟我说，她们希望老公长得帅，又体贴，事业不错，还要浪漫，要有生活情趣，当然有房有车是基本条件……嘿，知道你单身的原因了吧。

（晓文老师话外音：不如你还是追星吧，想谁是老公谁就是老公，还可以随时换一个老公。）

D 款：死循环型

单身越久，脱单越难。

有个朋友对我说：你知道吗？缺乏恋爱技能和没有女朋友是个死循环。我缺乏恋爱技能，就一直找不到女朋友，没有女朋友，就一直缺乏恋爱技能，就只能一直单身，生命不息，循环不止。

心理学研究表明：长期单身会让人丧失一些处理亲密关系的能力，

虽然爱人是人类的本能，但恋爱确实是一项需要练习和实践才能提高的技能（Kaufman，2013）。

当你单身两年后，单身就会变成你的舒适区。单身越久，越习惯单身，越不愿改变。人们总是害怕改变现状带来的不确定和风险。

此时，你会为不能脱单找各种理由：

为什么要脱单呢？打游戏不是更快乐吗？

现在离婚率那么高……

万一被拒绝怎么办……

我真的不知道女生都在想什么……

女人只喜欢有钱的，等我有钱了，女人就会前赴后继……

2. 别自卑，单身现在是世界性难题

从人口统计学看，现在单身的人士比以往任何时候都多，单身已经成为一种社会问题。

美国 2017 年人口普查显示：美国成年人中超过 1.1 亿的居民离婚或者单身，占 18 岁以上人群的 45%。

日本数据显示：在 2015 年，平均 4 个男人中就有 1 个没有结过婚，女人则是每 7 个人中就有 1 个“终生未婚”。日本独居家庭达到 32.5%，占日本家庭的 1/3。

当然最厉害的是中国。国家统计局 2017 年数据表明：中国单身人数已高达 2 亿，对，2 亿，你没有听错，超过了俄罗斯和英国的人口总和，其中“85 后”和“90 后”是生力军。中国正在成为一个“单身之国”。

心理学家研究 78 个国家半个世纪的数据（1960—2011 年）显示：83% 的国家，单身人数在不断增多。越来越多的人认为结婚不是成年人的重要指标，反倒是“完成正规教育”和“有一个全职工作”是成年人的重要指标，婚姻不再被当作成年的关键部分。

3. 脱单的小建议

建议 1：放轻松，地球上适合你的伴侣起码有 70 万人

这里说的 70 万人是心理学家通过计算和统计得出的数据。这意味着，这个世界上适合你的其实不一定是那一个人，更可能是那一群人。

我们总以为自己的真命天子就是那千千万万人中的唯一。但事实上，我们的真命天子很可能就有千千万万个。

所以，与其给自己设置太多条条框框，最后无疾而终，不如认定一个他（她）好好经营。你只要知道两点即可：

你最想要的是什么？帅（漂亮）！

你最不能接受的是什么？懒！

那么所有长相不错、不太懒的适龄青年都是可以尝试了解一下的对吗？

建议 2：付诸行动，你至少必须遇到那 70 万人中的某一个

爱情不是等来的。心理学家哈德逊（2016）的研究表明：如果你拥有非常强烈的改变自己的愿望，但仅仅停留在目标的层面上，而不去执行和实现，这样反而会降低生活的幸福感。

也就是说，如果你只是把“我要脱单”天天挂在嘴边，而从不去社交、不去行动的话，还不如你别幻想脱单了，就心甘情愿地做一只“单身狗”，这样会快乐得多。

3.3
你为什么这么㞞

心理学关键词：

羞怯

问题：如果你碰到心仪的对象，你开口的第一句话是什么？

回答："敌不动，我不动。"我估计我都不敢说话，只敢静静地看。自己在心里有无数种说法，现实中却不敢表达。对我来说，没有结果比首先表达出我的喜欢要好得多。上课的时候，后排的女孩吸了两节课的鼻子，我都没敢给她卫生纸。啊，为什么我这么㞞！

此时的㞞，心理学有个专业表达——羞怯。

羞怯是指在社交情境下沉默寡言和抑制行为结合紧张不安的综合症状。我们用两个平易近人的词来理解它，羞怯＝害羞＋胆怯。

1. 我们为什么这么容易"害羞"

在与他人交往时，你是否会感到焦虑和拘束，担心别人对你的评价，交谈时觉得自己笨嘴拙舌？

大多数人都会这样。80% 的人都曾体验过羞怯。特别是我们都曾经历过那个不够自信、腼腆害羞的青春时代。

当我们置身于陌生的环境，第一次见到有魅力、地位高的陌生人时，很容易产生羞怯。而我们在熟悉的环境中与老友交往，则觉得非常自然和放松。

有些人会更容易或者频繁地体验到羞怯，他们的核心特点是特别害怕别人的负面看法。

一想到别人讨厌自己就坐立不安，一想到别人的轻视和嘲笑就惊慌失措。

当受到他人攻击的时候，他们更倾向于怀疑自我，在与人交往的过程中，他们很容易产生社交恐惧，常常回避交往。

这容易导致人际交往的恶性循环：你越羞怯、越寡言，别人越觉得你冷漠、孤僻、不友好。别人的坏印象会让你自我评价更低，更加回避交往，更加羞怯。

如果一个羞怯的男孩发现有个漂亮的女孩在注视自己，他不会回望与之对视，更不会微笑问好，相反，他会躲避眼神，一言不发。

漂亮女孩很失落："他肯定对我没什么兴趣。"

羞怯男孩更失落："我为什么要闪躲，她现在可能更不想理我了。"

美丽的故事还没有开始就落幕了。

心理学发现：无论你在羞怯的时候心里是怎么想的，只要你胆怯畏缩，就会给人留下坏印象。

2. 我们为什么这么不愿意主动——你在怕什么

如果害羞是我们碰到心仪异性的本能反应，那么胆怯呢，我们到底在害怕什么？

回答 1：我怕一开口，朋友都没得做。

回答 2：她拒绝我，我多没面子啊。

回答 3：开口说得不好，她对我印象差怎么办？

注意这三句话，核心都是“我”的感受：我失去朋友，我没面子，我留下坏印象。

我的老师曾告诉我，如果最近你说话常常都以“我”开头，总在描述和强调自己的感受，你可能需要反思一下，你这种生活状态可能不妥。

心理学把这种状态叫作自我意识过剩。换句接地气的话来表达就是：内心戏太多，偶像包袱过重。

你无比强烈地感觉到自己的存在，觉得自己就是明星，在舞台中心表演，自己是全场的焦点，所有人都在盯着你的一举一动。

自我意识过剩很容易出现在青春期，但是青春期后如果你依然满脑子都是“我我我”，这可能需要调整。自我意识过剩是一种不那么健康和成熟的自我状态。

自我意识过剩的人很容易产生尴尬、羞耻、退缩，他们经常会感到：

天啊，别人会觉得世界上怎么有我这么蠢的人！

哇，我刚才丢脸丢到了宇宙中！

我想，你这种“站在宇宙世界中心呼唤爱”的方式可以暂停一下：

你真的——没有——那么——重要！大家——真的——没有——都在——看你！

太把自己当回事，经常做不成事。

做大事的人都把自我放得很低，看看大企业的“小名字”，“微软”“小米”，又是“微”又是“小”，越是把自己放低放小，越能拥有一个大大的世界。

3. 主动是一项可以习得的技能，示爱是人生值得主动的事

你们发现没，随着年龄和阅历的增长，我们中间有相当一部分人自然而然地逐渐克服了羞怯，变得主动积极，做事干脆利落，不拖泥带水。其实，根本不用受什么训练，只要精神放松，不那么担心别人

的评判，就可以表现得坦荡豁达。

所以，主动是一项可以学会的技能，而示爱更是人生值得主动的事情。

最后，我们来讨论这个话题：如果你是女孩，你喜欢上一个“死被动”（特别被动）的男孩，你会主动吗？

啊，女人主动，多掉价啊。

妈妈告诉我女人要矜持。

他是男人他为什么不主动，那肯定是他不够爱我啊。

其实，如果你真的喜欢上一个“死被动”的男生，我建议你可以考虑承担主动的那个角色。

当然我也不是让你“饿狼扑食”地冲上去说：“姐姐我就是喜欢你！”这是绝对的主动。

但是你也不能寄希望于他开口表达，你可能等成老姑娘了，他还缩在自己的“龟壳”中。

“绝对主动”和“绝对被动”中间还有 56 度灰色的主动，成年人做事就是要讲究策略。

你可以选择一种中度的主动，比如用你忽闪忽闪的大眼睛“闪”他，男人这种动物，很容易想歪的。如果你总是双眼亮晶晶地看他，每天对他微微一笑，对他温言细语，他再不抓准时机，这男人没救了，放弃他吧。

你都往前 90 步了，后面 10 步总要留给他。

所以，各位害羞的姑娘和小伙儿，放下你们的偶像包袱，放轻松，别那么在意别人的眼光，要勇于释放信号。

毕竟，如果爱情都不能让你主动，这个世界上还有什么事值得你主动争取呢？

3.4 为什么开口的第一句话用幽默的方式不妥

心理学关键词：

搭讪

幽默开场白

中性开场白

问题：对于女性来讲，什么样的搭讪方式更易于接受呢？

以下是三种方式的开场白。

幽默的开场白：

“你有打火机吗？”

“没有啊。”

“那你为何能点燃我的心？”

“这附近有机场吗？看见你我的心就要起飞了。”

中性的开场白：

“嗨！”

“你好！”

“最近还好吧？”

忠实地表达兴趣的开场白：

“我有点尴尬，但我真想认识你。”

“我注意你好久了，你的眼睛真好看。”

1. 你选哪种开场白

你们觉得哪种最好？哪种糟糕？很多男生都迫不及待地选了第一种，因为人们普遍认为幽默的试探是不错的开场白，很多《约会大全》之类的书也常常建议男士使用各种幽默或者浮夸的方式来开场。但是效果真的好吗？我们来看一个实例。

我在学校上“爱情心理学”最后一堂课的时候，给了全班同学一个福利，我告诉同学们如果这个课堂上有你喜欢的人，你现在就可以开口说出来。

我话音刚落，一个男孩满脸通红，腾地站起来，说他有句话要对坐在第一排的姑娘说，看来在下面憋了很久。

我让那个姑娘站起来和男孩面对面，给勇敢者一个机会。

男孩：我选这个课是因为晓文老师很可爱（我都一把年纪了，你们不能换个词吗？），但是我居然发现一个比晓文老师更可爱的人出现了，就是你……

女孩打断：我不喜欢你这样说晓文老师，我不喜欢你通过贬低晓文老师的方式来抬高我，我非常非常喜欢晓文老师……

哈哈哈哈，我在讲台上肚子都笑痛了。

这个男孩开口第一句话问题在哪儿？

他想说一句金光闪闪的大话来吸引心上人，他太想表达这个姑娘在他心中至高无上、独一无二的地位，不惜用贬低其他女性（本人我）来抬高他的心上人，结果弄巧成拙。

听完了我的实例，你可能会狡辩，不对啊，《约会大全》说搭讪的第一句话就要火力全开，全面展现男人魅力啊。

是这样的，《约会大全》这些书一般都是男人写的。如果女人在酒吧向男人说一句幽默的开场白，90% 的可能会得到积极的回应。

实际上，女人说出任何一种开场白对男人效果都很好（女追男，隔层纱），实验甚至发现女人只要说声“嗨”就能搭讪成功，因为男人喜欢女性主动示好[36]。

如果你还在犹豫，我决定用实验数据说话。一项实验研究仔细比较了三种不同的开场白效果，即幽默的开场白、中性的开场白和忠实地表达兴趣的开场白，一群女性作出了判断：她们最不喜欢的是幽默的开场白。如果一名男性在酒吧使用中性或者直接的开场白，有 70% 的可能得到女性的肯定回应，而幽默式开场白的成功率只有不到 30%。

2. 搭讪小技巧

搭讪原则 1：开口的第一句话用幽默的方式不妥

幽默是一种强者的姿态。因为幽默的前提就是要放松，而面对心仪的对象开口的第一句话是很难放松的，你准备的任何一句金光闪闪的开场白都很容易成为炮灰，简单地问声好才可能是最聪明、最不做作的办法。高明的搭讪是润物细无声的，说的都是最简单、最自然的语言，让她感觉不到你在搭讪，只感觉到你的真诚。然后，自然而然、静悄悄地走进她的内心。很简单，当女性认识你，了解你，喜欢你以后，你的幽默就是锦上添花，是生活情趣。

当女性不认识你，不了解你，没有认可你时，你的幽默就是哗众取宠，是人品缺陷。所以，当你准备好幽默的第一句，请你悄悄地把它咽回去。

搭讪原则 2：第一时间开口

在遇到心仪的异性时，几乎是在彼此眼神对视的第一时间，就应该开口说话。

例如，你乘电梯的时候遇到一个可爱的姑娘，目光接触第一刻，微笑点头致意："你好，你去几楼？"

第一时间把话题展开，不要等到 12 楼，姑娘都准备下电梯了，你才来一句："等一下。"

通常视线接触后第一时间开口的人被认为是热情、开朗、大方的人，比较容易让人卸下心里的防备。

"搭讪"在心理学里不是一个坏词，它是一种主动的行为，主动的人更容易结交朋友，追求伴侣。主动的人，他们的人生获得幸福和成功的机会高得多。

搭讪能反映一个人内心的开放程度，并且搭讪也是一项可以习得的技能。

搭讪原则 3：聊第三方，问最容易回答的问题，请别人帮个小忙

刚开始聊天，不要抓着对方本人狂聊：

你是哪里人？

你学什么专业？

你周末喜欢干什么？小姐姐你不要跑，我真的不是搞推销的。

不要聊对方本人，这会增加对方的紧张感，降低成功率。

搭讪时，第一句话，除了说“你好”外，基本上是以问句开始的，这样才会有沟通互动。而且，要问别人最容易回答的问题：

你好，你认识你们系的晓文老师吗？

那个总爱笑的，她也教你心理学？

我很喜欢她的课，我们以后一起去上她的课如何？

上课的时候我可以找你一起去吗？（或者：她开课的时候你告诉我一声可以吗？）

你说晓文老师教爱情心理学，她的情感经历会不会超级丰富，来来来，八卦一下……

怎么样，后面 10 步都帮你想好了，还不赶快试一试？

请别人帮个小忙也是非常有效的搭讪方法，这样能够有效提升他人的自尊，让人感觉良好。

来个正确搭讪的优秀示范：

同学小 A：和老公第一次讲话，是在高中的一次英语竞赛选拔赛的考场，他坐在前面，趁老师不注意，我小声对他说：“喂，让我看一下你的那个第 16 题的填空单词怎么写。”

然后呢？

然后就得到了一个正确的答案和一枚活的老公。

3.5
拓展：孤独的测量

以下是 UCLA 孤独量表（第 3 版），我们来测量一下我们的孤独指数。

1. 指导法

下列陈述描述了人们当时的感受。请在每句的括号内填上数字以表明你感觉的频度。例子如下：

你是否经常感到快乐？ 如果你从来没有感到过快乐，你就回答“从未”；如果你总是感到快乐，你就回答“总是”。

从未	很少	有时	总是
1	2	3	4

*1. 你是否经常感到能与身边的人“融洽”相处？ （ ）

2. 你是否经常感到缺乏友谊？ （ ）

3. 你是否经常感到求助无门？ （ ）

4. 你是否经常感到自己孤零零？ （ ）

*5. 你是否经常感到自己是朋友圈子中的一员？ （ ）

*6. 你是否经常感到与身边的人有很多共同点？ （ ）

7. 你是否经常感到不再想亲近任何人？ （ ）

8. 你是否经常感到身边的人并不接纳你的兴趣和观点？ （ ）

*9. 你是否经常感到自己外向而友好？ （ ）

*10. 你是否经常感到与人关系亲密？ （ ）

11. 你是否经常感到受人忽视？ （ ）

12. 你是否经常感到与他人的关系没有意义？（　　）
13. 你是否经常感到没有人能真正了解你？（　　）
14. 你是否经常感到与人隔绝？（　　）
*15. 你是否经常感到自己需要时就能找到同伴？（　　）
*16. 你是否经常感到有人真正理解你？（　　）
17. 你是否经常感到羞怯？（　　）
18. 你是否经常感到身边的人不愿意和你在一起？（　　）
*19. 你是否经常感到有人可以倾诉？（　　）
*20. 你是否经常感到有人可以求助？（　　）

2. 计算你的得分

请把注有“*”的题目的评分颠倒过来。如果该项你评为 1 则变成 4；2 则变成 3；3 则变成 2；4 则变成 1。然后计算你的评分。

3. 分数解释

年轻男性往往比女性更孤独，他们的平均得分是 42 分。年轻女性的平均得分是 39 分（Russell，1996）。男女两性得分的标准差都是 9.5。所以，如果你的得分等于或大于 53 分，你就比大多数男性更孤独；如果你的得分等于或大于 49 分，你就比大多数女性更孤独。如果你的得分等于或小于 31 分，你的孤独感就比大多数男性更弱；如果你的得分等于或小于 29 分，你的孤独感就比大多数女性更弱。还有，老年人的平均得分是 32 分。

亲爱的读者们，你的孤独指数如何呢？

第 4 章　友谊和爱情

4.1 永不凋零的“塑料姐妹花”

与爱情相比，友情也许不够浓烈，但可能更加绵长。

友谊是我们获得快乐和支持的源泉。一项针对年轻人的研究发现，超过 1/3 的人（36%）认为友谊是他们目前“最亲密、最深刻、投入最多”的人际关系（Berscheid et al.，1989）。

另一项调查发现，一个人和朋友在一起的时光，比独自一人或者和家人在一起会享受更多乐趣。

如果只能在朋友和配偶中二选一，朋友带来的快乐往往比配偶带来的更多（Larson&Bradney，1998）[37]。

天啊，听起来有点不可思议，友谊居然如此重要？

心理学关键句：

朋友远比我们想象的更重要。

1. 朋友往往会影响我们爱情的走向

怎样获得一个女孩的心？最便捷的办法，就是先获得她闺密的心。

如果她的闺密全部都对你投赞成票，恭喜你，你的耳边可以响起《婚礼进行曲》了。

你可能会疑惑，朋友真的有如此强大的力量吗？

首先，朋友很可能把我们介绍给可能的对象，并为此奔波忙碌，来帮助我们的新恋情进一步发展（Ackerman & Kenrick，2009）[38]。

《爱情公寓》里万人迷吕子乔有一项神技，他每次去酒吧，都会带上一个“僚机”！战斗机在前面正面迎敌，“僚机”在旁边帮忙打掩护，补充弹药。

“这是我的好哥们儿，小明，我们系的大名人，《王者荣耀》国服前 10，厉不厉害！”

这种牛你好意思吹？不好意思，看“僚机”多关键。

同理，以后你出去行走社会，你也会需要这样的“僚机”存在：

“这是我们的王总，哎哟，你们不知道，我们王总可厉害了，刚签了华为一个大单，不过我们王总为人很低调的……”

大概就是这个意思。

“僚机”很重要，愿意当“僚机”的朋友很珍贵。

其次，朋友通常会对我们发展中的恋情投赞成或反对票，他们的看法往往会影响我们的决定[39]。

如果朋友不赞成你们的恋情，恋爱关系就会面临危险。

一项研究发现：即使年轻的恋人最初对自己的关系满意，如果他们的朋友投反对票，7 个月后恋人更可能会分手[40]。

朋友的力量有多强，见识到没有，比亲爹亲妈的力量强多了！

君不见无数爹妈越是棒打鸳鸯散，鸳鸯越是爱得死去活来。当然，那也是一个心理学现象，叫作“罗密欧和朱丽叶效应”。

2. 朋友对我们的快乐有着惊人的影响力

一项历时 30 年的健康研究考察了 12 000 人，发现有快乐朋友的人更容易感到快乐[41]。

我们每拥有一个快乐的朋友，自己的快乐机会就会增加 15%。

甚至，我们朋友的朋友也很重要，我们的朋友每拥有一个快乐的朋友，我们的快乐居然也会增加 10%，即使我们从不相识。这就是传说中的蝴蝶效应。

想要快乐怎么办？交快乐的朋友。或者，把所有的朋友撵出去结交快乐的朋友。

快乐原来真的可以传染。当然，我们每拥有一个不开心的朋友，自己快乐的可能性也会减少 7%。

孤独更加具有传染性，你的朋友很孤独，那么你变孤独的可能性会增加 52%。

想象一下，你朋友点了一支烟，对着夜空孤独地吐着烟圈，此时，你或许也会点上另一支烟，来吧，和孤独干杯。

更好玩的是，如果我们身边最亲近的朋友长胖了，放心，你有很大概率（57%）也会长胖，体重都不一样，还怎么愉快地玩跷跷板呢？

所以，如果你真的想减肥，先督促你的好友保持苗条会非常有用。

或者多和比你瘦的朋友相处，相信我，你会慢慢变瘦的。因为，生活习惯会传染。

如果你的三五好友每天吆喝你晚上宵夜，小龙虾、烤肉、串串，你真能抵住诱惑，保持完美身材？

我反正在夜宵的大排档上看到一桌一桌的“嗨班子”大多都胖得很一致。

有这样一种说法来形容朋友：我们是一个坛子里的酱菜。我们身边的人闻着是什么味道，我们身上就会有什么味道。

所以，想要自己变成什么样的人，最好去交什么样的朋友。

多跟比你美的朋友相处，你会更容易变美。

多跟比你开心的朋友相处，你会更容易开心。

在人群中，你不可能完全独善其身，一定会受到影响，物以类聚、人以群分，人生真理。

3. 结婚之后，友谊仍然非常重要

为什么女人比男人活得长？很重要的一个原因是她在婚后依然拥

有闺密。

很多人用塑料姐妹花暗示女性友情表面化，但是你有没有想过，也许塑料姐妹花更有持久的生命力呀。

如果爱情是需要我们精心呵护培育的鲜花，美丽易谢，那么友谊可能更像塑料花，美丽坚固，经久耐用。

研究发现，在婚后拥有友谊，女性的幸福感会增加很多。

从进化心理学的角度来讲，女性在远古时期负责摘果子和照顾孩子，所以女性的语言功能会更发达，女性更容易建立一个团体去互相倾诉、互相支持。

当女性和闺密一起聊天的时候，她们身体里会分泌一种叫作后叶催产素的荷尔蒙，让她们心情愉悦放松，她们能和闺密分享许多不能和伴侣讲的话。

闺密是来自人类祖先的馈赠。

友谊与很多美好珍贵的字眼相连。

友谊充满温暖。你喜欢我，我欣赏你，和你一起有说不完的话，在你身边，我能无拘无束地做真实的自己。

友谊可以分享。我把秘密告诉你，你把糗事告诉我，我们分享快乐，共担痛苦。

友谊需要陪伴。我们几乎每天都腻在一起，很少分开，我们一起做喜欢做的事，讨论感兴趣的话题，我们是彼此人生和成长的见证者。

友谊这么珍贵，但是为什么在人生的旅途中，我们会慢慢失去一些宝贵的情谊呢？

“小时候我和她好得像亲姐妹，每天放学后，我先把她送到她家，她再把我送到我家，我再把她送到她家，来来回回好多趟，一刻也不愿分开。现在居然一年、两年、十年没有再联系。谁让我们走散了呢？”

走散了的友谊，还能重新回来吗？

友谊又有哪些规则呢？赶快翻开下一页吧。

4.2
为何旧知己变不成老友

我们因为互相喜欢、欣赏和共同的兴趣变成了朋友，因为温情、支持和相互信任而成为好友。

我们每个人都会有一套人际关系的规则（rules for relationships），我们越是恪守这些规则，我们与朋友的关系就越亲近[42]。而一段重要友谊的最终失败也往往是因为有人违背了这些规则。

今天我们一起来探讨一下友谊背后的规则。

心理学关键句：

友谊的规则——信任、分享、社会支持、应答性。

1. 友谊的规则

规则 1——信任

当我们自信地认为朋友真心对我们好，无私为我们考虑的时候，我们就会对他们产生信任。

信任是人与人之间最珍贵的情谊，它需要时间来培育，因为难得，所以珍贵。信任能让我们相处时轻松愉快，不用设防。

但是，多年才能培育出的信任，一朝就可以覆灭。一旦信任破裂，遭遇过友谊背叛的人，常常很难恢复对朋友的信任。

“我曾经那么信任他，愿意把我心底最深的伤口给他看，没想到他转背就告诉了别人，太伤人了，我想我很难再相信别人。”

相互信任是友谊的第一准则。

规则 2——分享

好友通常会为我们的成功感到欣喜，他们的兴奋可以增加我们的欢乐[43]。

这在心理学里叫作资本化。

和朋友倾诉痛苦，我们的痛苦会减半；和朋友分享快乐，我们的快乐会加倍。

所以，你开心时最想与谁分享，谁就是你的好友。

当你成功的时候，人们会投来很多种眼光，羡慕、嫉妒、巴结、高兴、无所谓，从这些眼光中，你可以分辨出谁才是真正的朋友。

分享是友谊的第二准则。

规则 3——社会支持

朋友不仅和我们分享快乐、帮我们分担痛苦，他们还帮我们克服困难，他们给我们提供强大的社会支持，让我们感觉有依靠、很安心。

在工作中，我们因为失误被上司狠批了一通，朋友会说：“你这么卖力的下属只有傻瓜才会骂你，没事，没工作了，我养你！”

简单的一句话，我们从朋友那儿得到的社会支持有：

A. 关爱、接纳和安慰的情感支持（你很好、很能干、很卖力，我很认可你。）

B. 共情（上司是“傻瓜”，你这么好还批评你。）

C. 金钱之类的物质支持（“我养你”都说出口了，又不要你真的嫁给他，多感人啊。）

在生活中，当我们遭遇了坏男人，被骗钱、骗感情，失声痛哭的时候，朋友给我们温暖的拥抱，陪我们去买醉，等我们缓过劲来的时候，手机突然收到好友的推送信息：这里有份晓文老师的课程送给你——“防渣男指导手册”。多贴心！

我们来看看，这里面包含的社会支持起码有：

A. 拥抱之类的身体安慰（有时候，一个拥抱胜所有。）

B. 艰难时刻的陪伴（陪你买醉，陪你又哭、又笑、又闹。）

C. 资讯、指导之类的建议支持（这样的朋友给我来一打。）

2. 谁是我们最好的朋友

想想你最好的朋友，他哪点让你最喜爱？

最好的朋友通常是最好的支持者。最好的支持，通常契合我们的需要和偏好。

并非所有的社会支持都完全对人有益，相反，帮助这件事有时候会威胁到我们的自尊，显得自己冒冒失失。比如，给胖胖的“非孕妇”让座，真是令人十分尴尬。

有时候，帮助朋友最好的方法就是默默地提供支持，而不增加对方的心理负担。

什么样的爱是最好的爱？爱人或者亲人所需要的爱。

什么样的支持是最好的支持？朋友最需要的支持。

有个研究结果很有意思：长期来看，真正起作用的并非朋友某个具体的帮助行为，而是我们对朋友帮助行为的认知。

也就是说，我们感觉从朋友那里得到的支持，比实际得到真实的援助更重要。

如果我现在想听好听的话，你就说好听的话给我听。

如果我现在需要的是一个拥抱，你就抱抱我。

如果我现在需要疯狂地吐槽，你就给我一对耐心倾听的耳朵。

这就是最好的朋友。

有的人喜欢在朋友失意的时候给出自以为是的建议。

“我当时就说这个男的不行，你就是不听，现在自食其果了吧！”

“你的上司你和他吵什么，他说什么你就听啊，怎么吵都是输！”

长此以往，我想你很快就会失去仅有的几个朋友。

最好的朋友也是最多的应答者。

此时要提到友谊中重要的成分(Reis, 2009)：应答性，也就是回应。

回应这件事太重要，有时候比事情本身还重要。

想想你在朋友圈发了一个得意的内容，等他人点赞的焦急心情和突然收到几百个赞时飙升的肾上腺素。

很多人都在默默等赞，他们需要回应。

很多人都在默默点赞，他们是朋友。

被回应的感觉真的太美妙了。被倾听、被捧场，朋友的热情支持让我们好心情飞上天，回应对我们来说非常具有奖赏价值，能够有效提升我们的自尊。

3. 为何旧知己变不成老友

我们喜欢那些能够提升我们自我价值感的人。所以，相反地，那些嘲讽我们的，漠视我们的，打着“我就是为你好”的幌子明目张胆贬低我们的，在我们危难的时候袖手旁观的人，不论我们一起度过多么漫长难忘的岁月，这些人最终会从我们的朋友名单里消失。

他们正在自知或者不自知地伤害我们，却还在做无谓的解释或者倒打一耙：

我是开玩笑的——我不喜欢随便乱开玩笑。

我就是说话直——你不会讲话可以闭嘴。

哎，你不会连这个玩笑都开不起吧——是的，我就是开不起。

哎，你以前不是这个样子，你变了——是的，我成熟了，不是原来那个傻瓜了。

以前我读过一段文字，大致是这样的：

年少时候的友情就像走在宽广大道上，大家结伴而行，嬉戏打闹，奔跑追逐。长大后的友情，我们走上了独属于自己的人生道路，我们走到了岔道口、走到了小树林、走到了灌木丛，这个时候，很多老友都会从我们的生命中离去，再热闹的好戏也会散场。

命里有时终须有，命里无时莫强求。

人生就像浮云，聚了又散。

但是，也许有那么一两个朋友，一直紧紧跟随，不离不弃。

又或许是你穿过荆棘满地的杂草地，在小径的某个路口，遇到新的一起前行的同伴。握住他们的手，相视一笑，哦，朋友！

祝福大家的人生一直有好友相伴。

4.3

女人的友谊面对面，男人的友谊肩并肩

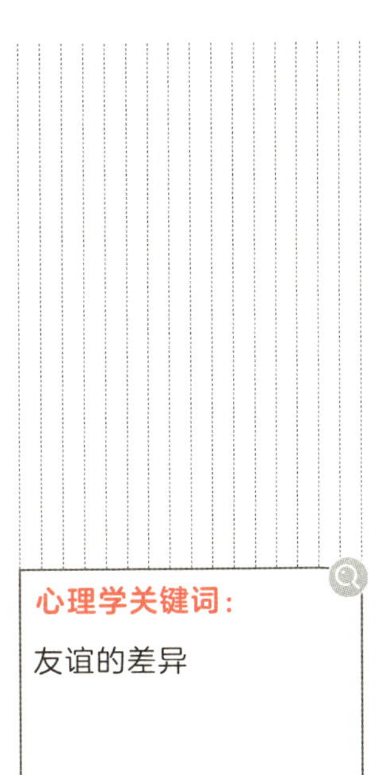

心理学关键词：

友谊的差异

在所有描绘友谊的歌曲中，我最爱的便是肥妈玛利亚演绎的《友谊之光》，这是香港传奇电影《监狱风云》的主题曲。

记得电影里，周润发和他的同伴逃出了不见天日的监狱，他们争先恐后地跳入林间小溪，迎着灿烂的阳光，呼吸着新鲜的空气，自由畅快地游泳嬉闹。

那一刻《友谊之光》的旋律响起：“今天且有暂别，他朝也定能聚首，纵使不能会面，始终也是朋友。”

玛利亚高亢嘶哑的声音如乱石穿空，惊涛拍岸，肝胆相照的男儿豪情如闪电般击中了我幼小的心灵，至今难忘。

1. 友谊的性别差异

丽丽和韩梅梅是闺中密友，她们好像连体婴，一个星期不见到彼此，就觉得心里发慌，两天没有和对方讲话，就觉得浑身不自在，她们见面的时候，聊一整天也不会厌烦，她们不能见面的时候，电话聊天也能一次聊3个小时。她们分享工作、生活、恋爱、家庭的各种秘密。丽丽和韩梅梅觉得，她们了解彼此的一切，她们离不开彼此，她们会是一生的好友。

李雷和张伟有着过硬的交情，他们学生时代常常一起打游戏，两人一个负责进攻，一个负责防守，配合得天衣无缝。工作后，他们常常一起聚会，聚会场所包括麻将桌、篮球场和各种饭局，大家有了赚钱的机会也会互相分享和关照，李雷和张伟觉得他们是最要好的朋友。

这两种友谊合理吗？听上去不错。

大量研究表明，女性的友谊以情感分享（emotional sharing）和自我表露为主，情感分享得越多，坦露的心声越多，感情越深厚。

“你是我最好的朋友，所以我告诉你我藏得最深的秘密。”

而男性的友谊则是围绕着共同活动（shared activities）展开的，一起同过窗，一起“扛过枪”。

多年前，赖特曾创造过这样一句话：“女性的友谊面对面（face-to-face），男性的友谊肩并肩（side-by-side）。”

女人之间的友谊主要来自“叽叽喳喳”的交谈，而男人的友谊则建立在“嘻嘻哈哈”的玩耍上。

其实，女性也和男性一样喜欢与朋友进行愉快的活动。但是，男性确实不愿意和朋友分享他们的情感和恐惧。所以，情感分享这一特征的确能够有效地区分男女之间的友谊[44]。

相比男性，女性在友谊的获取上绝对是有优势的。

首先，女性朋友之间能聊的内容更多，内容更深入。

女性能聊更多的人际关系和私人问题，而男性一般只能聊聊国家大事、球赛、新闻等。

其次，女性在友谊中比男性表现出更多的爱意和温情。女性本来就是温暖的代名词。一个家只要有个妈妈、有个妻子，就会觉得好温暖。

女性给予朋友的情感支持多于男性。这与男性的表达性特质比较低是密切相关的。当男人都拒绝表露脆弱，让我们都误以为你很坚强，怎么给你支持呢？

总的来说，女性的友谊往往比男性的友谊更加紧密，但男性的友谊往往比女性的友谊更长久。女性的友谊因为分享了太多私人秘密，所以更容易翻脸：我掌握了你很多秘密，我就拥有了更多可能伤害你的机会。

而男人之间的友谊更强调君子之交淡如水，平时没有那么紧密，关键的时候会拔刀相助、鼎力支持。

为什么男性的友谊不如女性的友谊那么亲密？

为什么女性的友谊不如男性的友谊那么牢固？

是他（她）们不能吗？还是他（她）们不愿意？

设想一个画面，如果“塑料姐妹花”不仅能面对面相互倾诉，还能肩并肩共同作战；如果“塑料姐妹花”不仅能分享秘密，还能忠诚地为对方保守秘密，于是，“钢铁姐妹花”诞生了！

如果男人与男人之间不仅能肩并肩互相支援，也能面对面坦露自己，“男人哭吧不是罪”，勇敢面对自己的脆弱和情感需求。这样的世界，也许会是更加美好的人间。

2. 友谊的个体差异

除了性别差异，友谊也具备个体差异。

有的人好像天生自带交友功能，走到哪儿都能轻易地结交朋友。

还有一种人，他们很难交朋友，但是如果交到一个朋友，两人的友谊可以持续很久。

你是哪一种人呢？

心理学概念登场：自我监控（self-monitoring），自我监控是印象管理中的一个重要概念。

自我监控能力高的人很像变色龙，他们可以根据环境调整自己的言行和状态。他们对社会线索敏感，知道自己在不同的环境下应该做什么，他们有能力，也愿意调整自己的行为，以适应各种情境下的不同规范。

而自我监控能力低的人不太在乎社会规范、缺少变通、应变能力差，所以，他在所有的情境下都坚持自我，表现出一致的自我形象。这两种人，谁会拥有更多的朋友？

答案当然是自我监控能力高的人。一方面，他们擅长搭讪，高超的印象管理能力让他们能够和形形色色的人轻松自如地交往。

但另一方面，每个人精力有限，因此他们在每个朋友身上花的时间更少，他们的人际投入更小，人际关系维持时间更短[45]。

在人际关系刚开始的时候，高自我监控的人享有社交优势，但是在关系稳固的后期可能会变成障碍（Wright et al., 2007）。这就是“相识遍天下，知心有几人”。

这两种人谁能拥有更深刻的友情呢？

答案通常是那些自我监控能力低的人，他们确实不够灵活，不会变通，他们“吭哧吭哧”好不容易交到一两个好友，就一根筋地把友情进行到底，最终更可能获得更加满意和深刻的友谊。

所以，人生得一知己足矣，斯世当同怀视之。

3. 友谊的年龄差异

我们友谊的形式会随着年龄的增长不断变化。

我们的友谊从儿童期开始萌芽。在儿童阶段，友谊的关键表现为接纳。这个时候，同伴的接纳非常重要，那些不被同伴充分接纳的儿童就会感到深深的孤独。此时他们受到的孤立和排斥，可能会导致其成长后期各种心理障碍和行为问题。

当我们进入青春期，友谊的关键发展为亲密的需要，我们开始关注那些和我们有共同兴趣的同龄人。这个时候，随着观点的认同，同理心的发展，利他主义的出现，真正深刻的友谊正式登台。

从某种程度上讲，儿童期和青春期成功的人际关系，为成年阶段亲密关系的美好结果打下了坚实的基础。

到了成年期（20 岁左右），根据人格心理学家埃里克森的观点，该时期的中心任务是解决亲密对孤独的冲突。正是在这个阶段，我们开始学习怎么建立持久的、忠诚的亲密关系。

等到人到中年开始投身于家庭，我们社交活动的重点从个人的朋友转移到家庭和夫妻的共同朋友上。事实上，如果夫妻之间没有共同的朋友，婚姻通常会很艰难。

到了老年期，我们的社交圈会更小，朋友也会更少[46]。我们的社交目标更多地指向现在而不是未来。

老年人更注重满足自己的情感需要，更注重精选出来的深厚友情，而选择让普通的朋友关系自然消失。

“天干无露水，老来无人情”，不是没有人情，而是他们不再在意酒肉朋友，或者那些因为利益来又因利益散的浅表友情。

相比年轻人来说，老年人更加活在当下，享受此刻。

4.4 友情以上，恋人未满

心理学关键句：

男人和女人能成为密友吗？

问题：男人和女人能成为密友吗？

回答 1：朋友有可能，密友太难了，除非我们都变得又老又丑。

回答 2：当然可以，“妇女之友”岂是浪得虚名？

你的答案呢？

1. 男女之间会有纯友谊吗

首先，男人和女人之间常常能成为异性密友。想想你的青春时代，谁没有几个异性好朋友？

这种朋友关系在中学、大学时代司空见惯，但是一旦离开校园，大多数人不会再维持亲密的异性友谊（Marshall，2010）。

发生了什么？

其实男女最初成为朋友的原因和他们与同性成为朋友一样，都是因为信任、社会支持、温情和陪伴。我交了一个好朋友，这个朋友恰好是异性，没办法，这个世界有一半人是异性啊。

况且，我们在异性好友身上能得到很多

同性朋友身上没有的东西。有时候，我们能从异性好友那里获得和学到更多。

我是个女孩，我拥有三五个男性好友，我会从他们身上感受到更多的哥们儿似的情谊。可以粗鲁地讲话，可以豪迈地喝酒，可以不用担心哪句话让谁不高兴，毕竟这个世界最难得罪的就是一个直男朋友。这种友谊简单明了、直接爽快，让人感觉很放松、很快乐。有研究发现年少时拥有许多异性好友的女孩，年长后更容易决策果断、处事利落，职场发展更加顺遂。

我是个男孩，我拥有三五个女性好友，我真是太幸福了。女孩的善解人意让我如沐春风，相比其他“钢铁直男”，我拥有了更多倾诉的渠道，有效帮我缓解了压力、减轻了焦虑。慢慢地，通过和我的异性好友相处，我可能会变成一个更有同理心，更加懂得体谅他人的好男人。

当然，不是所有的人都能够拥有异性好友。这份幸运只属于一部分人。

一般来说，“男孩子气”一点的女孩更容易拥有男性好友，“女孩子气”一点的男孩更容易结交女性闺密，因为人际吸引的本质是相似相吸。

所以说，男女之间是绝对可以存在纯洁友情的，有一种关系，叫作纯洁的男女关系。

2. 该不该从友情跨越到爱情

当然，只停留在第一步，人生若只如初见，自然是极美的。

但是，如果这两位其中之一心里泛起了涟漪：“我一直没把她当女人，就是当哥们儿，可是那一次她哭了，看着她眼泪汪汪的样子，我居然心里很难受，想把惹她伤心的人狠揍一顿，想为她擦去眼泪，让她从此不再伤心！”

此时，是把爱情的小芽扼杀在摇篮里，还是让革命友谊浓浓地升华？

事情开始变得好玩了。

友谊通常没有排他性，友谊经常可以多人行，友谊也没有性含义，友谊是平等的伙伴关系。

但是世界上更可能发生的事是感情的不同步。

我还对你念念不忘，你却已经另有新欢。

我只想和你打游戏，你脑海里浮现的却是我俩婚礼的画面！

异性友谊的重大考验在于，随着时间的推移，两人关系越来越好、越来越亲密。这个时候，有一方通常是男方脑洞开了，我们有没有可能更进一步呢？毕竟，我们关系这么好了，了解这么深，她会不会也想和我滚床单（注意这个也字）？

男性比女性可能更认为一段关系中发生性事是个好主意[47]，毕竟据说他们脑子里每8秒钟就会闪现一次与性相关的内容。

男性也通常会认为女性朋友对性事的兴趣往往会超出实际（Koenig et al.，2007）。

果真，男人容易想多而且容易想歪。

而女性通常会低估男性朋友想和她滚床单的意愿程度。怎么会呢？我们是好哥们儿、好兄弟啊！

不如我们猜一猜故事的结局。

当然，大多数异性友谊不会带有性的色彩[48]，多数情况下，人们不会把异性友谊转变为爱情，他们会尽力保持这种柏拉图式的伙伴关系（Messman et al.，2000）。

原因有三：

A. 缺少性的欲望与冲动，也就是“不够靓”。

我和你肩并肩玩游戏很开心，但是如果要我和你手拉手谈恋爱，感觉有点怪。

B. ①没有足够强的意愿。两个人感觉都不错，但当时年纪小，没多想。②太懒。想了也没做，对社会缺乏足够的认知。我哪知道出了学校找对象那么难！怨自己不够聪明，也就是“不够明”。

C. 最重要的原因是：有时候，人们不愿意冒着失去有价值的人际关系的风险，把异性友谊转变为爱情，也就是“不够勇”。

一项调查显示，许多男性和女性都非常讨厌自己的异性友谊中出现“性紧张”[49]。双方会觉得尴尬，觉得难受，觉得破坏了友谊的高贵和纯洁。

朋友小 A：和她做朋友真的很开心，如果我们能发展为恋人固然很好，但是我更害怕没有成功而失去宝贵的友谊。

朋友小 B：我们的友情一直处于格外微妙的阶段，可能就是友情以上、恋人未满吧。我总觉得和对方之间只差一层“窗户纸”了，但是谁也没有捅破，当我鼓起勇气想要告白的时候，却听说他最近和哪个女孩走得很近，我就胆怯了。有一次几年没见，他从北京来看我，双眼亮晶晶的，我感觉到他一定有话要告诉我，可那时我刚刚恋爱，所以他什么也没说。就这样我们两个完美地避开了所有可以发展成恋人的可能。

3. 异性友谊的障碍：婚姻

已婚的夫妇不可能像单身男女那样拥有亲密的异性友谊。

如果你的异性朋友和其他人恋爱或者结婚了，或者你恋爱结婚了，那么你们的异性友谊将很难处理。

异性朋友更可能被配偶认为是潜在的情敌，所以已婚人士通常会对异性朋友保持距离（Werking，1997），这是成年人应该具备的“得体”。

网络上也有类似的段子：不要让老公拥有红颜知己，红着红着你就黄了，也不要让老婆结交蓝颜知己，蓝着蓝着你就绿了。

其实不仅对于异性朋友，恋爱和婚姻本来就对所有的友谊都有考验。

当我们有了恋人或者伴侣时，我们与家人和朋友相处的时间会减少，这时候会发生二元退缩（dyadic withdrawal）现象，即我们与爱人见面的次数越多，与朋友相处的机会就会越少。

这种情况在生活中太常见了。

一个人恋爱了，从此寝室再也见不到其身影，“一恋爱没朋友”“重色轻友”。

调查发现：当人们没有恋人的时候，一天到晚除了睡觉恨不得都和朋友厮混在一起。当人们刚刚开始和恋人约会的时候，平均每天和好友相处的时间为 2 小时，但是一旦热恋或者结婚后每天见朋友的时间是——你确定你每天还能见到朋友？

好可惜，友谊也很宝贵，怎么办呢？

前几天，有个好友跟我说：晓文，我觉得你有句话说得对，找个你最好的异性朋友当老公，双方有着共同的兴趣爱好和共同语言，感觉真的不错。

我什么时候讲过这样的话？但是看在她现在这么幸福快乐的分儿上，我就勉强承认这句话是我说的好了。

如果你想婚后依然拥有一段令人满意的异性友情，此处我有两点建议。

（1）趁单身多发展异性友情

这绝对是单身福利，如果可能的话，把你最好的异性朋友直接发展成爱人伴侣，从亲密友人到亲密爱人，岂不快哉？

（2）把你的老公或者老婆发展成你最好的朋友

毕竟，一辈子那么长，如果不是好朋友，没有那么多话可以讲，漫长岁月如何打发？

你有异性好友吗？

你们现在是纯友情吗？

想不想来个跨越式发展呢？

还是就这样保持现状就很好？

来，说出你的故事！

4.5
拓展：回忆一个我的异性好友

下面我要介绍一下夏哥。

夏哥是和我同一个导师的师姐，硕博连读生（直博生），现在在读博士三年级。是的，之所以称她为“哥”是因为她做事豪迈又带有点泼辣和霸道。“哥”字仅指行事作风，不指外貌。事实上，夏哥的外貌在理工大学的女生中可谓出类拔萃。一米七的高个儿，肤白貌美。夏哥一向素面朝天，在和她共事这一年时间里，我从没见她化过妆。我这里说的化妆是指面部肌肤和颈部肌肤不是一个颜色，以及画眼线和涂口红，这是我所能识别的化妆。直到有一次，夏哥手上沾了点 502 胶水，她说回去可以用卸妆水擦掉，我当时用一种惊讶的类似发现外星生物的眼神看着她，心想：“夏哥你还有卸妆水，你的卸妆水是用来卸防晒霜的吗？”（我这里对化妆这事儿没有任何个人评价，仅仅是为了说明夏哥几乎不化妆。）

夏哥的外貌仅仅是她一个很大的加分项，她的简历更带着一点传奇色彩。她小学时是湖北省羽毛球少年组省队成员，现在她也是学院羽毛球队的主力。她大二时参加“挑战杯”全国大学生课外学术科技作品竞赛拿了一等奖，大学期间成绩年级第一，博士期间每年都获得“卓越奖学金”（博士奖学金最高奖励）。

夏哥本科毕业时凭借成绩完全可以保送我们专业国内顶尖的学校读博，那一届的年级第二和第三都去了那里。夏哥因为本科时跟着我们现在的导师做过项目，所以选择留在了本校。

四年前，我大一，夏哥大四。学院举办了大学生“挑战杯”经验分享交流会，夏哥受邀参加。那时候，我坐在观众席上远远地看着头上戴着“挑战杯”一等奖光环的夏哥在台上演讲，那时的我就已经被夏哥“种草”了。

导师手下的硕士生加博士生一共有 22 人。平时老师学院里的行政事务还有项目上的事情很多，没有时间照顾到手下的每一个学生，所以实验室历来的传统是高年级的学生带低年级的学生，夏哥便成了我的师傅，我也因此有了跟夏哥一起做实验的机会。

实验室每个人都有实验项目。对于我们专业的实验来说，实验的过程非常辛苦，也非常考验人。

实验的材料和测量仪器都很重。实验经常要用到电动扳手上大螺栓，这个过程非常吵，大家可以想象一下楼上或楼下有人装修时钻墙产生的噪声。平时大家都是一天在电脑前面坐 8 个小时的学生，长达一个星期的实验对大家的体力是一个很大的考验。

实验室有两个师姐的实验 90% 以上的工作量交给了手下的师弟，自己只是在旁边跷着二郎腿记记数据。大多数人做实验的心态是赶紧把实验做完，全然不顾实验中发现的新问题，结果只能做到以下三点：一是浪费导师的钱；二是实验测得的数据不能用；三是用最快的速度把错误的事情做完。

可夏哥不是这样。在实验过程中，夏哥常常和我一起搬实验材料和仪器，夏哥小时候打下的运动底子在这时候发挥了作用。

夏哥会预订比原计划稍多的实验材料，实验期间一边改进实验，一边继续做下去。我们经常做完一两组实验之后停下来处理数据，看看数据有没有什么异常，如果没有异常则继续，有异常则想方法改进实验。这虽然使得我们原本一周的实验任务会延长到一个月之久，但也保证了我们测得的实验数据是可用的、有价值的。

在实验室，老师或者同学路过我们实验区域的时候，夏哥会热情地请他们提意见，他们有什么疑问，夏哥也会很耐心地跟他们探讨，以此确定实验过程的正确性。

遇到一些之前没有遇到的困难时，我们会一起上网搜文献寻找解决方案或请教导师。

有一回，我和夏哥一起做一个常规的材料实验。这个实验我之前做过很多回，夏哥没有做过。上午我们做完实验后，夏哥下午就把实验流程整理成文档发给我，让我看看有没有什么疏漏的地方。

在和夏哥做实验的过程中，我看到了一个做学术的人该有的认真、严谨和负责。除此之外，夏哥对问题的分析常能切中要害、一针见血，她的想法和有三四十年科研经历的我的导师常常不谋而合。

有一次，我把一份实验报告打印出来放在导师的办公桌上，电子版则发给了夏哥。夏哥当天上午有点事儿，下午看了我的电子版报告之后，跟我说报告中有三个问题需要修改。她跟我说如果已经把纸质版的实验报告放到老师桌上的话，先去把纸质版的报告拿回来，修改后再给老师看，不然可能要挨训。我马上去导师的办公室想把报告取回，到的时候老师正好在看我的实验报告，他指出了我三个地方的错误，并把我训斥了一顿。老师指出的三个地方以及提出的改进方案和夏哥说的相似度高达 90% 以上，我心里不禁暗暗佩服夏哥。从那以后，我给导师看的报告都要先给夏哥过目。

上面说了很多夏哥工作中的事情，其实私底下夏哥也是一个很普通的小女生。我归纳了一下她微信朋友圈的几个主题，有“古天乐”系列，“宝宝怎么又胖了”系列，“我可能不是我妈亲生的”系列。

夏哥的爸爸是一名工程师，妈妈是医生，家境殷实，这也许是她能追求自己所爱，活得没有后顾之忧的物质基础。

一名女生有实力、有颜值、姿态低、能干重活又不失可爱，怎能叫人不喜欢呢？况且，夏哥还在男女比例 7 ∶ 1 的理工大学工作学习。夏哥目前单身，她觉得目前这种单身的状态很好，每天虽有压力，但也充实开心，我猜想可能是因为身边的男生没有一个能配得上夏哥。

我如果以后有女儿，我希望她长成夏哥这样的人。

（本文节选自学生“婚恋—职场—人格”课程作业。）

第 5 章　爱之初体验

5.1
暗恋桃花源

心理学关键词：

理想化

虚拟联结

契可尼效应

Beyond 乐队有首歌叫《早班列车》，我喜欢哼唱其中的一句：“天天清早最欢喜，在这火车中再重逢你，迎着你那似花气味，难定下梦醒日期。”

歌曲描述了一个暗恋故事：一个男孩暗恋一个女孩，但不知如何表白，他只能在每天早上跟她坐同一班火车的时候渴望得到她的关注。他靠近她而坐，闻着她如花的香味，如入梦境，不知梦醒在何时。

他不敢与她面对面对视，只偷偷地看她映在玻璃窗上的影子，女孩一直没有发现。他希望火车永远不到站，这样就可以继续偷偷看她，但他又希望自己是她的心的终点站。火车的轰鸣声像谁在耳边轻柔地歌唱。

1. 暗恋是最美丽、最安全的爱情

是谁导演这场戏，在这孤单角色里。

在暗恋中，我们更容易勾勒出我们的理想爱情。根据精神分析理论，暗恋是一种充斥着投射和理想化的感情。

我们如何建立理想的爱情关系？

首先我们希望找到一个理想伴侣，大多数人希望自己的伴侣热情、忠诚、美丽、温柔、强大、自信、可以依靠，人们对伴侣的满意度取决于他接近这些理想的程度（Tran et al.，2008），但是这样的伴侣世间难觅，所以暗恋从很大程度上解决了这个问题。

在暗恋中，我们更容易勾勒出自己的理想伴侣。

我们暗恋的对象包含我们对完美恋人的全部想象，我们暗恋的对象表面上是一个真实的人，其实更多的是我们想象出来的他或者她。

他可以是强壮的、充满力量的，他也可以是温柔的、体贴的，能完全感受我们情绪的。

她可以是纯洁的、美丽的、善良的，她也可以是思想深邃的，能完全了解我们内心的。

在暗恋中，我们可以将喜欢的人最大限度地理想化，放大他们的美德，缩小他们的缺陷，用世界上最美的词汇来赞美他们。

在暗恋中，我们更容易勾勒我们理想的自己。在暗恋中，我们和暗恋对象会产生一种虚拟联结，你可以将自己对亲密关系的所有幻想和期许都投射在暗恋对象这个客体身上（Mc Cutcheon，2002）。

暗恋对象满足了人们各种不切实际的期待和幻想，他越完美，你越优秀，他越好，喜欢上他的你眼光该有多独特。这是一种虚拟联结带来的高自尊。

喜欢一个优秀的人能提升自我评价，让我们更加喜欢自己。

在这段虚拟关系中，我们想让他们多好，他们就能多好，我们想让自己多好，我们就有多好。我们不再是羞怯的、内向的、拘谨的、软弱的自己。

暗恋是一场自导自演的戏，暗恋是安全的，暗恋是充满可能的，暗恋是容易满足的，暗恋是美丽的。

现实会让我讨厌自己，但做梦会让我喜欢自己。

2. 我只是喜欢上了默默喜欢一个人的感觉

默默地、不求回报地爱着一个人这件事，本身也能给很多人带来一种心理上的自我感动和快乐（Baumeister，Wotman & Stillwell，1992）。

“风里雨里痴心为了你！”

“为你受再多的苦我也愿意！”

“每天绕校园三圈只为和你偶遇的那一瞬间。”

天啊，还有什么比这种桥段更美丽。

你作为学渣，每天风雨无阻去图书馆自习只为了默默注视暗恋的学霸的背影，你每天“头悬梁锥刺股”，疯狂地阅读、做题，只是想离心爱的他更近一点。

如果某天学霸发现了你含情脉脉好似能够烧穿他衣服的炽热目光，突然要与你来一段跨越学霸学渣鸿沟的惊世之恋，说不定你还胆怯了呢！

你不要破坏我苦心经营、默默陶醉、痴心付出的人设啊！

我可能不是真的喜欢你，而是喜欢当时那个不求回报、痴心付出，喜欢你的自己。

也有人认为，暗恋不仅代表最初喜欢的那个人，还代表那个情窦初开、自傲又自卑的自己。

你回忆的不是那个人，是那些时光、那种情怀，以及那些难以忘却的回忆。

暗恋是我们的青春，暗恋是我们的时光机。

3. 暗恋是成长的重要经历：有一种感情不一定要拥有

暗恋的对象是闪闪发光的。我们的暗恋对象帮我们描绘了一张爱的地图，我们以后可能会循着这张地图去寻找我们的爱人。

“那个时候，我高三生活唯一的鲜活色彩，就是站在三楼的楼道看着他打篮球的身影，我从不曾走到篮球场，从不曾为他喊出一次加油，更没有给他递过一条示好的毛巾，我只是默默注视着他，为他每一个进球而感到内心雀跃、欢欣鼓舞。”

曾经，心理学家一度疯狂地研究暗恋，因为暗恋和一切亲密关系的规律和逻辑都相反。

爱情都是希望得到回应的，暗恋没有；爱情都是希望有结果的，暗恋没有；爱情都是在你来我往的互动中茁壮成长的，暗恋没有。也就是说暗恋最没有回报率，也最没有性价比。

但是，暗恋依然扎扎实实地顽强存在着。也许暗恋的存在更能说明亲密关系的复杂性，不是所有感情都需要回报，也不是所有感情都要切切实实地拥有才完整。

发现没，暗恋这种事基本只会发生在青春时代。研究也发现，最容易产生暗恋的年龄段是 14 ～ 18 岁。哪个少男不钟情，哪个少女不怀春？

正是不追求性价比、不苛求回报，让这种感情显得格外真挚和美好。

我突发灵感，决定赋诗一首：

我们曾经痴迷一个偶像，
或者暗恋过一个人。
我们觉得他们是完美的、无所不能的，
也因此觉得自己是可爱的、让人着迷的。
我们在这一段想象陪伴的时光中，
抵抗孤独、认识自己、找到方向、渐渐成长。
他们是我们生命中鲜活自由的鸟儿，
总有一天会飞走。
无须留念，尽管放手，
他们和我们的青春岁月一样，一去不回头。

你有难忘的暗恋故事吗？
你还能记起他们的脸庞吗？
后来你们怎么样了？
回忆他的时候，你的嘴角是否会上扬呢？

5.2
粉丝与偶像的爱情故事

心理学关键词：

投射

张国荣先生某次获奖的时候，某颁奖嘉宾曾讥讽他“一刹那光辉不代表灿烂永恒”，哥哥沉默了一下，回答：“总好过没有。”

你的心中可被哪个明星、哪个偶像照耀过？对他日思夜想，为他疯狂打气，为他的一笑一颦神魂颠倒，如果这不是真爱，什么又算得上是真爱呢？

偶像便是众生投射崇拜、欲望和爱的绝佳对象，偶像的身上藏着万千粉丝的爱恨情仇。

1. 我爱谁，谁就是我的镜子

重要概念登场：投射。什么叫投射呢？

投影仪在放着电影，电影是我们看到的外面的世界，底片是我们心中潜意识的世界。我们的真实想法也许不一定能被我们自己觉察到，但会被我们以对人对物的方式和态度投射出来。

投射是心理学里的一个重要的概念，1894 年由心理学大咖弗洛伊德提出，用以探索和分析个体的“内心世界”。弗洛伊德认为“投射”是指把自己的性格、态度、动机或欲望投射到别人身上，投射起码有三种。

相同投射：有一种冷，叫作你妈觉得你很冷。

我经常看到小宝宝在闷热的夏天穿着长袖、长裤和袜子，小脸热得通红，妈妈还是觉得他冷。你代表小宝宝表示反抗，妈妈会说：“你们知道啥，现在不保暖，老了会后悔！”

这就是一种把自己的感觉和态度等同和强加他人的典型案例。我这样想，我觉得你也应该这样想，心理学称之为相同投射。

愿望投射：我这么喜欢他，他一定也喜欢我吧。

我这么喜欢你，你也一定很喜欢我吧，不然，我怎么发现你在偷偷看我？啊！明明是你在偷偷看别人！

情感投射：我喜欢的人越看越喜欢，我讨厌的人越看越讨厌。

2018 年最火综艺真人秀《创造 101》，火到已经和 2004 年的“超女”一样，成了一种社会现象，一轮又一轮的口水战点燃各种粉丝和偶像之间的爱恨情仇。

不过在心理学家看来，这世上没有无缘无故的爱，也没有无缘无故的讨厌。

2. 我们为什么喜欢一个人

我们喜欢一个人，是因为他们身上有我们喜欢自己的地方，或者他们身上藏着部分我们想要成为的自己。

据说“草根直男”都很爱选手杨超越，他们在杨超越身上起码可能得到两点。

A. 代入感强——我们是一伙的

草根逆袭的神话总是被众人津津乐道，人们乐此不疲。

唱歌跳舞一概不行，好像努力也不太够，因为就算努力也没有用！哇，这多像我们广大“废柴”和“咸鱼”欲振乏力的人生啊！

“我不能努力啊，努力是我最后一块遮羞布，我不能让所有人知道其实就算我努力也改变不了任何结果，我还是安心当个‘废柴’好了，起码听上去有点酷。”

B. 享受着“金手指”的快乐

“小丈夫不可一日无钱，大丈夫不可一日无权”，世界上最大的权力快感就在于你以为你可以改变他人的命运。

杨超越作为又美又穷又“废柴”的代言人，无疑引起了广大草根直男的强烈共鸣：我们人生无法“开挂”，就让我们帮这个美丽、贫穷的可怜姑娘“开挂”吧！（别人哪里可怜？直男的迷之自信！）

社会心理研究显示：中国人在娱乐比赛中，对那种身上的社会性偏弱（不是八面玲珑）、人畜无害、没有攻击性、能引发怜惜心理的选手，会倾注格外的热情和持久的支持。所以，杨超越不赢，谁能赢呢？

来看看选手王菊身上被投射了什么。

据说王菊的“逆风翻盘”迎合了某些社会少数群体的价值观。谁说女团就得又白又瘦、又甜又嗲？她们才不是男人的洋娃娃。

王菊身上可以让人寄托的东西太多了：坦荡的人生态度，对自我的认可和不纠结，得体的聪明等。你可别说她身上没有你们理想中的自己。

选手李子璇可爱、努力、勤奋，却容易被人忽视，所以有大量的“妈妈粉”和“姨妈粉”涌现：天啊，这孩子可让人心疼了，舞跳得这么好，怎么就是不火呢？她是不是很像我们身边很多又勤奋又努力却默默无闻者的人生？

3. 我们为什么讨厌一个人

我们讨厌一个人，是因为他身上有我们讨厌自己的地方或者不曾拥有的特质。但是我们不想讨厌自己，那么还是讨厌他好了。

随着杨超越多次逆袭，很多人坐不住了，于是，“群嘲”杨超越的潮流来袭。

为什么挨骂的总是我？谁让你足够火！

杨超越触碰了许多人的价值观。

每个人因为出身环境、成长经历、外表、受教育程度的不同，会产生截然不同的世界观、价值观和人生观。我们必须证明和捍卫自己价值体系的合理性，这是尊严问题。

此时，杨超越出现了，要能力没能力，要努力没努力，长了一张美丽无比、楚楚可怜的脸，经常流着眼泪就晋级了，这让那么多比她业务能力强、比她努力奋斗的人情何以堪？

于是，嘲弄杨超越无形中成了某种群体的立场，我在嘲笑她的同时仿佛证明自己很努力、很有业务能力，只是没那么好运罢了。

精神分析学者认为投射是一种重要的心理防御机制。

它在防御什么？

投射是个体将自己的过失或不被社会认可的欲念加诸他人，从而消除内心的罪恶感、减轻焦虑的压力，捍卫自我的人格。

我们忙着讨厌别人，以防不小心讨厌到了自己。

人类果真是最高级的物种，投射是一种“神操作”。通过这样的操作，人们扔掉了自身讨厌的部分，保持了“我足够好”的自我感觉，并能通过抨击他人获得一种内心的优越感。

你真的是在讨厌她吗，还是讨厌那个也很“废柴”却没有她幸运的自己？当你凝望深渊的时候，别忘了深渊也在回望你。

当然，当我在写这本书的时候，杨超越已经成为“全网大型封建迷信活动”的代言人——锦鲤。

上两个月求职高峰期，我的朋友圈都被四处求职的同学转发杨超越的图片刷屏。

娱乐圈需要造神，娱乐圈迷信天赋。

天赋比努力酷多了，“躺赢”比筚路蓝缕、艰苦奋斗刺激多了，前者属于明星，后者属于凡人。

你越是万千宠爱，你越是光芒万丈，你越是无敌幸运，你就越能引起讨论和关注。

总结：这世上没有无缘无故的爱，也没有无缘无故的讨厌。

如果你很容易欣赏到他人的优点和光明面，也许正是因为你身上的光明面本来就多，你是一颗小太阳，每天充满正能量。

如果你总是觉得很多人都很碍眼，看谁都心烦，这个时候我们是不是该回头想想，自己是不是有什么问题呢？

毕竟，你是什么样子，你眼中的世界就是什么样子。

最后赠送友情提示：如果你想知道你和你的男（女）朋友三观是否相合，很简单，拉他（她）看一场真人秀吧！

5.3 你问我爱你有多深，“备胎”代表我的心

心理学关键词：

沉没成本

自我价值

成瘾

备胎故事 1

我和他，认识 10 年，我们从朋友变成恋人，最后又变成朋友。现在他已经是一个两岁孩子的爸爸。这 10 年间，我们没有断过联系，我们可能是最懂得彼此的人，但是我们又都小心翼翼地维系着这段友谊。

很多人说，分手之后，还能做朋友，一定是没真爱过。我猜可能是真的吧，可能我们注定只能成为朋友。他结婚前，和我一直有联系，我一直以为最后我们会结婚，结果有一天，他突然告诉我，他要结婚了，但新娘不是我。突然醒悟，原来我一直是备胎。

很多人都是不小心被“备胎”了，备胎的状态和界定一直都模模糊糊、朦朦胧胧，充满了难以分说的暧昧和心知肚明。

心理学家发现，这种模糊的情感状态在现代社会甚至成为一种趋势和潮流。

根据美国一项基于2 647 个样本（18～59岁）的在线调查，有 69% 的人对于他们正在交往的关系有所困惑，不能确定那是否能够算作约会。另一项针对女性的调查则显示，73% 的女性说她们“经常不能确定自己是否

在约会中”，19% 的女性则认为自己“从来没有进行过真正的约会”（Jayson，2014；Stanley，2010）。

可是在我看来，备胎状态非常简单：我不喜欢你，你喜欢我，但是我们两个都想保持这种状态不想结束；一个假装糊涂，享受备胎的嘘寒问暖、无微不至；一个不愿承认，幻想着有一天通过自己的努力让女神或者男神爱上自己；随着时间的推移，友谊升华为爱情的可能越来越小，为什么你还是不愿意放弃呢？

1. 沉没成本：合理化自己的付出

沉没成本是一个经济学概念，但是也适用于亲密关系中。

人们在决定是否去做一件事情的时候，不仅是看这件事对自己有没有好处，也看过去自己是不是已经在这件事情上有过投入。我们把这些已经发生、不可收回的支出，如时间、金钱、精力等称为沉没成本（sunk cost）。

心理学研究发现，人们对一段关系投入得越多，对关系的承诺就会越强。这种因为离开关系的代价过高，不得不继续现有的关系表现出的承诺叫作强迫承诺（constraint commitment）。

我对一段关系投入越多，我就越不能离开这段关系，因为离开的沉没成本太高了。

越付出，越珍惜。

例如：“我为了这个家操了十年心，头发都熬白了，十年了，我为了我的老公和孩子付出了我的青春，牺牲了我的梦想，我现在没有学历，没有工作，我绝对不可以离开这个家。”

我们在咨询室常常遇到被老公家暴十年不肯离婚的老婆。为什么？

她们付出太多了，沉没成本太高了，觉得此时离婚，一切从头再来，以前十年的打就“白挨”了。

备胎也是这个道理。我都已经痴心守候这么久了，没有功劳也有苦劳吧！当她受伤的时候，她一定会回头看我的，她现在的男朋友明显就是渣男啊！我不甘心啊！

股票跌了不肯割肉，赌徒离不开赌桌。说不定，下一盘就会回本。

有人会说，如果我现在放弃，以前那个默默付出、痴心守候的自己会不会像个傻瓜？

2. 自我价值感低：觉得自己得到的足够好

“如果能给女神当个备胎，胜过找个普通女孩谈恋爱。”

如果对方远远高于你，你会心甘情愿当个备胎，甚至，你会觉得当备胎也是幸运的。

亲密关系中有种状态叫作恋爱成瘾（love addiction），是指一个人必须不间断地谈恋爱，才能抚平空虚的内心和焦躁。他们无法忍受感情的“空窗”，他们患有“孤独恐惧症”。

这些人看上去好像陷在爱情里，其实是陷在对关系的依赖里。

我们每个人在某种程度上都像“瘾君子”一样渴求着爱[50]。

在一段恋爱成瘾的关系中，上瘾、不安全感、依赖是主旋律。恋爱中，成瘾的那一方会丧失自我，占有欲和嫉妒心会越来越强。一旦与恋人分开，就会坐立不安，甚至食欲不振（Hauer，2015）。

恋爱成瘾和恋爱有时候不容易区分，因为爱情中的成分——嫉妒、痴迷、依赖，它都具备，但是它与爱情最大的区别在于，它对恋爱本身的依赖远远大于对于爱人的依赖。恋爱成瘾者无法分辨哪些人是自己真正爱的，哪些人只是用来填补空虚的，唯一的动作就是不断谈恋爱，让自己一刻也不能空闲下来。

“恋爱成瘾”和“备胎”有什么关系呢？前者对恋爱这件事成瘾，不在乎谈恋爱的人；后者对爱恋的人成瘾，不在乎谈恋爱这件事。

成瘾者往往缺乏自我价值感。他们都在为关系、为一个不会得到回应的对象无止境地付出，当被对方需要时，才觉得自己是有价值的、自己的存在是有意义的。

成瘾者害怕独处、害怕孤独，他们害怕不被需要、他们害怕被遗忘，他们对自我价值的评估完完全全依附于另一个人。

当被女神或者男神偶尔地需要，他（她）们会欣喜若狂、奋不顾身。当我们自我价值感低的时候，其实是很容易成为备胎的。

幸运的是，大部分人凭着个人的成长、对世事的洞悉、对自我的了解，从备胎的枷锁里挣脱，重新投入现实中平等的感情，成为更加成熟的自己。

3. 当备胎会阻碍你获得真实的幸福

备胎故事 2

我喜欢文静内敛的女孩，然而，这样性格的女孩注定了我要成为主动的一方。其实我也很难定义什么是备胎，但是又不知如何表现主动，就像小马过河。

女孩说她很明确我们之间的关系，但又不说明究竟是什么关系。我又不敢表白，怕时机不成熟，怕双方尴尬。

“尿包如我，于是就这样拖着，虽然我不知道那根“线”是不是很快就要断了。

任何能够让人们长期、稳定地投射自己恋爱幻想的存在，都会让人产生迷恋、产生依赖、容易上瘾、很难戒断。

譬如追星：我，单亲家庭长大，性格外冷内热，追星 5 年，前后为偶像花的钱不计其数。我追星，因为我需要他，他什么都不用做，静静站在那里就好，微笑就好，他是我的精神依托。

譬如暗恋：我每天都给他打水，初中三年，高中三年，六年如一日，他一直没有吭声，装作不知道，我也一直默默不吭声，为他做一点点小事，我就觉得世界无比美好。

譬如备胎。

有时，甚至是长期的心理咨询也会成为脱单的阻碍（Mallinckrodt，Gantt & Coble，1995）。因为，在咨询过程中，你把咨询师当作一个稳定的移情对象。

你缺少父爱，你觉得他像父亲一样可靠，给你引导。

你缺乏母爱，你觉得她像母亲一样包容，给你理解。

你把你的爱欲、幻想和情感都投射到他（她）的身上，这让你觉得安全，但是，这种感觉阻碍了你在真实世界寻找真实的链接。

当一个人的生活中已经有了其他的投射，那么他们很难产生真正的动力去寻找真实的人际关系。

而心理学认为，产生真实的现实链接，接受现实的他（她）和现实的自己是实现幸福的唯一方式。

5.4 请给另一个“孤岛”打电话

心理学关键词：

第一种孤独：社交隔离

作家刘瑜说：“在我所经历过的痛苦中，没有什么比孤独更具有破坏力。”

1. 孤独是一种负性的情感体验

我们每个人都需要朋友，我们需要从朋友那里得到接纳、包容、支持和爱，当我们觉得我们的朋友不够多或者友谊质量不如预期的时候，就会产生孤独感。

孤独在心理学里不是一个好词，孤独是一种负性的情感体验。当我们期望的人际关系和现实差距太大时，就会产生令人不悦的悲伤和绝望的孤独体验（de Jong Gierveld et al.，2006）。

有时候只是提起“孤独”二字就让人觉得很孤独。就连孤独界的大佬“独孤求败”的“但求一败”，都让人觉得可敬又可怜。

确实，孤独会影响人的健康水平。孤独者与那些有着丰富的、令人满意的友情的人相比，他们的血压更高、睡眠更差，免疫系统也不强。甚至孤独的心理状态会让人的死亡风险提高 25%。

什么时候我们会感到孤独？

孤身一人的时候，我们常常感到孤独。有首歌就叫作《孤身走我路》。古人还用这样的成语形容孤独：茕茕孑立，形影相吊。

“大三了，准备考研，在回寝室的路上看着自己的影子，我想这是唯一能够陪伴我奋斗的人。”

孤身一人的时候一定会孤独吗？

答案是否定的。我们常常会有错觉，我们觉得我们孤身一人的时候会孤独。请注意区分，孤独和独处不是一回事，有时候我们在完全独处的状态下也能感到满足[51]。我们常常会享受独处，在独处的时光中感受安静、平和与创造力，这个时候，我们并不孤独。但是有时候我们置身于人群之中，反而觉得孤独。

孤单是一个人的狂欢，狂欢是一群人的孤单。

2. 大多数人会孤独一阵子，少数人会孤独一辈子

关于孤独的研究有个好消息，也有个坏消息。

好消息是：大部分的人只会孤独一阵子。

坏消息是：小部分的人会孤独一辈子。

孤独具有遗传性，也就是说“天煞孤星”“注孤生”确有其人，他们真实存在。你可能出生的时候就遗传了“孤独”基因，当别的小孩在泥巴里打滚乱耍的时候，你一个人默默地蹲在一边，看着浮云聚了又散、散了又聚。幼儿园老师问你：“小胖，你怎么不和大家一起玩？”你幽幽地说了一句：“我很孤独。”

有些人确实天生就比一般人更容易体会到孤独，人们的人格特点与孤独感密切相关，外向的人、随和的人会拥有更多的朋友和社交，体会到更少的孤独，而高神经质会增加孤独的发生（Cacioppo et al., 2006）。

自尊也与孤独密切相关，不能和他人保持满意的人际关系的人一

般也不怎么欣赏自己，“孤芳不自赏”才是人生常态，低自尊者会更加孤独[52]。

孤独还会引起抑郁（Cacioppo & Hawkley，2009）。孤独和抑郁是一对好朋友，如影随形。因为孤独，你对现状不满，可能会抑郁；因为抑郁，你很难进行有效地人际交往，你会更孤独。

3.“社会隔离”：孤独的人愈加孤独

心理学家罗伯特•韦斯(Robert Weiss)在研究孤独问题上颇有心得。他提出孤独可以分为两种（Weiss，1973），第一种孤独叫作社会隔离，指的是我们因缺少朋友和熟人的社交网络而引起的孤独，找不到组织，没有归属感，让我们感觉孤独。

试想一下，你刚考上大学，背井离乡来到大城市，面对不再熟悉的人和事，你是否更容易陷入孤独？

A “不一样”的感觉让人容易感受孤独

人类是依赖熟悉感为生的动物，熟悉让我们感觉到安全，当我们处在陌生的环境中，会不由自主地保持高警觉和不信任，像刺猬一样竖起浑身的刺。我们经常觉得自己和身边的人不一样，这种格格不入感让我们备感孤独。“独在异乡为异客，每逢佳节倍思亲”，身在异乡会更加孤独。

B 你的孤独状态会引发更多的孤独

小时候，我们都听过一个故事，叫作《偷斧子的人》。

我们觉得隔壁老王偷了我们的斧子，我们越看他，越觉得他就是小偷。结果我们在家里找到了自己的斧子，我们再来看老王，他坦坦荡荡、和蔼可亲。我们看到的恰恰是我们希望看到的。这叫作“自证预言”。

如果你正处于孤独阶段，这个时候你可能会看谁都不顺眼。

为什么周围的人都很自私自利？

为什么周围的人都很浅薄无知？

如果你真的这样想，你真的就可能遇上自私自利、浅薄无知的人。

有个学生来找我咨询：“老师，我觉得周围的每个人都很蠢，但是我不能表现出我对他们的鄙夷，于是我就对他们都假惺惺的。”

结果她每天只会遇到两种人：蠢人和假惺惺的人。

越孤独，越受挫；越受挫，越消极；越消极，越孤独。

C　社交网络的虚拟包装会让你更加孤独

研究发现：很多人想利用社交网络摆脱孤独。但是很多人在网络上塑造出虚假的完美自我，却会让他们更加孤独。

虚假完美的你在网络上越引人注目，真实世界的你就会愈加孤独（Khazan，2017），骗得了别人，骗不了自己。只有真实的人际交往能缓解孤独。

此处，有两条与孤独相处的建议：

（1）每个人都会孤独，无一例外，承认孤独就是克服孤独的第一条法则。

“我是一个孤岛，我想要更多的朋友。”

“哇，正好，我也是一座孤岛喔。”

“那不如我们手拉手，做个好朋友？”

有时候，撕下看似强大的伪装，真诚地面对自己和他人，更容易逃离孤独，获得真实的友谊。

（2）你必须主动寻求链接来克服孤独。你应该尝试着尽量使自己变得友好。如果总有人要迈出第一步，我希望由你来迈出。

尽管去爱、去交往吧，去主动争取吧，哪怕会受伤，但却是使人生完整的唯一方法。

如果每个人都是一座孤岛，此刻，你找到另外一座孤岛了吗？

“喂喂喂，这里是中国某市服务区，我已经全方位开放了我的雷达，我在寻找‘臭味相投’的同伴，请问你在哪儿？收到请回复，收到请回复……”

5.5

拓展：潜意识分析——你隐藏自己的程度有多深

主题统觉测验属于投射法个人测验，由美国心理学家亨利·默瑞于 1935 年发明。主题统觉测验通过素描图像激发测试者投射出内心的幻想和精神活动，成为呈现测试者内心和自我的 X 光片。

主题统觉测验也是心理咨询和心理治疗工作中比较常用的测试量表之一，对鉴定诊断起到了重要的辅助作用。

现在让我们一起走进主题统觉实验，看看你隐藏自己的程度有多深。

一、测试题目

1. 图中的女人为何掩面，她的情绪是怎样的？

A. 悲伤，女人发现丈夫的婚外情

B. 忧虑，丈夫酒醉

C. 关心，丈夫病重，可能即将死去

2. 床上女子的状态是怎样的？

A. 身患重病

B. 沉睡

C. 已死去

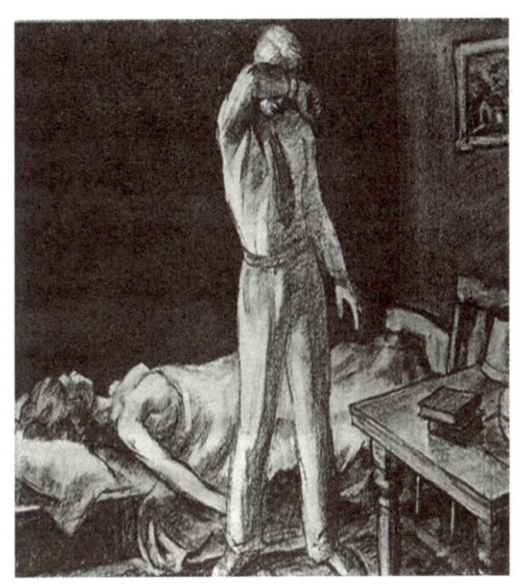

3. 图中戴领结的男子是女子的什么人？

A. 秘密情人

B. 老板或者顶头上司

C. 可以帮助她的有权有势的人

4. 图中老妇人的眼神流露出怎样的情绪？

A. 邪恶，她们之间可能隐藏着冲突

B. 同情

C. 焦虑

5. 图中的女子正在打开房门，她打算做什么？

A. 男友的房间，她一直很想看看房间里的布局陈设

B. 下班，刚刚回家

C. 拿东西，然后回厨房做饭

6. 图中这个人物打扮成这样是为什么?
A. 打扮成别人认不出来的样子去袭击仇人
B. 抢劫商店
C. 参加万圣节假面舞会

7. 图中这个女子化妆是为什么?
A. 遮掩已经衰老的面容，并希望能够挽救婚姻危机
B. 以更加饱满的精神状态去见大客户
C. 去和男朋友约会

二、计分

每个题目选 A 得 1 分，选 B 得 2 分，选 C 得 3 分，然后计算总分。

三、解释

测试结果：7 ～ 11 分（对外开放度低）

你非常善于隐藏自己。

你防御心理较强，对事物怀着消极的态度，不愿意轻易相信别人，大多数时候宁愿自己独处也不愿意和其他人在一起。

你的魅力就在于神秘吧，很多人都想接近你，但你内心与外界的距离感始终存在。

你只有摆正对生活的态度，才能过上正常的快乐生活。朋友的建议对你影响很大，你需要对这些建议进行过滤，有选择地采用，不要被这些建议搞得焦头烂额。

测试结果：12 ～ 16 分（既不开放也不封闭，理智型）

你属于现实主义者，浪漫色彩非常淡薄，对金钱有一定的执着心。

你头脑清晰，有很强的独创能力。踏实、勤奋是你的一贯风格，但缺乏挑战新事物的勇气，对人情世故不太精通，再加上你平时比较少言，给人感觉比较冷漠，往往需要一段时间才能融入团体中。

建议不要凡事都顾及眼前，要学会规划人生。过分谨慎也会错过很多机会。

测试结果：17 ～ 21 分（开放性）

你性格开朗、乐观、平易近人，和朋友交往中能设身处地地为他人着想。另外，你善于在公众面前提升自己的形象，因此深受大家的信任，在群体中是个受欢迎的中心人物。

你做事很慎重，谦恭有礼，即使再棘手的事情也能处理得恰到好处。诚信是你重要的处事原则，你具有压抑自己为别人着想的品质。不过此类型的人难以获得特别大的成就。

建议适当学会拒绝，会让你更快乐。

第 6 章　冰点与沸点

6.1 爱情来得太快，就像龙卷风

心理学关键词：

爱情荷尔蒙

爱情与气味

解释水平

爱情的产生是一个玄学命题，譬如“来电”就完全是一种生理感受，不为人的意志所控制。

所以很多人说：“对对对，他哪儿都好，家庭条件好、工作好、对我也好，可我就是没感觉。”

是是是，他哪儿都不怎么样，工作不稳定、脾气也很大、对我态度也飘忽不定，但我只要一看见他，眼睛就离不开他了。

1. 爱情的产生离不开荷尔蒙

爱情与体内荷尔蒙的变化密不可分。

爱情的荷尔蒙有哪些？

多巴胺（dopamine）是快乐水，让你又快乐、又安全、又满足。吃巧克力也会促进多巴胺的分泌，所以，巧克力也被称作爱情的食物。

苯基乙胺（phenyl ethylamine）是兴奋剂，给你“来电”的感觉，让你瞳孔放大、脸色发红、兴奋不已、勇气百倍就是这种荷尔蒙的杰作。

去甲肾上腺素（noripinephrine）是紧张

丸，让你血管收缩、血压飙升、一万头小鹿在心头乱撞。

从这个意义上来说，吸引和热恋的感觉其实就是激素给人们的陷阱，它让你很快乐、很兴奋，它也能确保人类繁衍后代。但是这些激素不可能永远处于高水平状态。熊熊爱火一直燃烧，谁也受不了。

所以我们说激情只能维持大概 18 个月就会消退，或者更准确的说法是爱情的荷尔蒙的高峰时期为 6 个月至 4 年，所以，婚姻不是“七年之痒”，确切地说是“四年之痒”。

当激情褪去后爱情靠什么维持？别慌，婚姻的荷尔蒙悄然而至。

婚姻的荷尔蒙有哪些？

内啡呔（endorphin）和后叶催产素让你安逸。轰轰烈烈之后，人会产生安逸、温暖、亲密、平静的感觉，这种感觉让人情不自禁地想依赖。

一个心理学试验中，实验人员给雄性小白鼠注射催产素，小白鼠有什么感觉我不知道，但是被注射的雄性小白鼠行为上确实发生了变化，它们对伴侣更加温柔依恋了。

特别推荐后叶加压素（vasopressin），它很牛，被称作爱情的“忠诚激素”。研究发现，此种激素是控制忠诚的关键。发现男朋友最近眼神游移，心思飘忽不定，给他来一针后叶加压素，立马俯首帖耳，乖乖当“忠犬”。

设想一下，以后市面上会不会出现各种“激情糖丸”和“忠诚药水”？

“单身狗”想谈恋爱别担心，来颗“激情糖丸”，立马拥有初恋的感觉；想要爱人永不变心、想要爱情海枯石烂，没问题，每天定时服用“忠诚药水”。

这到底是科学的进步还是人类的退化呢？

2. 爱情与气味密切相关

A.“气味约会”

“气味约会”是一个为人们提供配对服务的网站，以下是该网站的一些规则：

（1）我们会寄给您一件 T 恤。

（2）请您穿三天三夜，不要清洗。

（3）请您将 T 恤装在一个信封中寄还给我们。

（4）我们将再寄给您一些别人穿过的 T 恤样品。

（5）您闻一闻告诉我们喜欢哪一件。

（6）如果您喜欢的味道的主人也喜欢您，我们会帮你们交换联系方式。

（7）剩下的就交给你们了。

B. 你喜欢哪个号码的汗味

心理学家做过一个超有趣的实验：一群男孩打球，打得大汗淋漓，打完后把带号码的球衣往地上一扔，洗澡去了。一群女孩（心理学实验的志愿者）来到实验室轮流闻每件球衣，并标注她们最喜欢哪个号码的汗味（我强烈怀疑实验者有某种程度的恶趣味）。然后安排一场舞会让这群男孩和女孩相遇，你猜猜实验结果如何？

部分女孩找到了心仪的男孩，而她们的心仪对象恰恰是她们喜欢的那个号码汗味的主人。

该实验可不可以这样解释，如果你连他流汗的味道都不讨厌，估计你已经坠入爱河。

此时，忍不住哼起一首老歌：“想念你白色袜子和你身上的味道。”

不过事实证明，在两性的吸引力方面，气味确实发挥着十分重要的作用。美国精神病学学家研究发现，体味会以一种无意识的方式使对方发现你不同的基因。

从进化的角度来看，气味是一种检测基因相容性的方法。该理论认为，如果两个人彼此喜欢对方的味道，那么这两个人免疫系统存在着最大的差异，如果两个人结合会更容易怀孕，并且会生出免疫系统最强的宝宝。

大自然真是神奇，人类果真高级，我们靠鼻子就能找到最优质的另一半。

甚至有更加激进的观点认为，表面上看婚姻越荒诞不经、不合常理，婚姻本身的安全性就越高。例如，两个人一见钟情就闪婚，夫妻一方没有工作，夫妻差距非常大，因为这两个人的结合来自最本质的吸引。

就算你智计百出寻觅的所谓理想对象，也许还比不上你的基因和感觉帮你寻觅的真正良缘。

我要帮努力冲破世俗偏见，勇敢追逐爱情的小伙伴们努力找个说服父母的理由，这个理由就是：要找个喜欢的人结婚，门不当户不对也没关系，起码你们会生出最健康的宝宝。

3. 我们处在爱情中解释水平会变低

不识爱情真面目，只缘身在爱情中。

我们越深陷爱情，越患得患失，越觉得爱情让人难以捉摸。

很多人都有类似的经历：当朋友的情感顾问时，有理有据、头头是道，可面对自己感情问题时却秒“㞞”。

朋友想脱单，你马上就能列出一个绕地球三圈的候选人名单；朋友想告白，你变身韩剧编剧，为她设计三页的台词不重样儿；朋友和伴侣闹矛盾，你立马赶来，竭尽全力“劝和不劝分”。

可惜，一轮到自己的爱情，你立刻由好汉变“㞞包”。

对待发生在自己身上的事情，我们更容易陷入重重迷雾，被困在细节和情绪中看不清真相。

根据解释水平理论（construal level theory），我们在分析朋友问题的时候体现出了更高的解释水平，我们更关注整体、核心、抽象本质；而在思考自己的问题时，我们容易表现出更低的解释水平，我们更关注细节、表象、具体内容。

“我今天是不是有句话说错了，让她不开心？”

“今天一起吃饭的时候，他玩了一会儿手机，是我讲的话题太无聊吗？”

或者干脆拿朵玫瑰花扯花瓣：“他喜欢我，他不喜欢我，他喜欢我……”

看，此时的你充分地展示了过低的解释水平，爱情让人变蠢。

这时候，我们的最佳损友会跳出来：“醒醒吧，他根本没有那么喜欢你！”

老铁扎心直击要害。看，此时你的损友体现了很高的解释水平。

所以，有时候爱情像悬崖上的花，你努力去摘却求而不得；有时候爱情像蝴蝶，当你安静时，它又停在你的身上。

世界上原来有件事这么奇妙，神龙见首不见尾，来无影去无踪，来的时候让你心醉，走的时候让你心碎。

没关系，是爱情啊。

6.2 斯腾伯格的爱情三角形

心理学关键词：

斯腾伯格爱情三角形理论：亲密、激情、承诺

你认为爱情是婚姻的必要条件吗？你愿意和你不爱的人结婚吗？

1. 爱情观点各异

尽管爱情是人类永恒的话题，西方心理学家却从 20 世纪下半叶才开启研究爱情的课题。

但是你知道吗，把爱情和婚姻结合起来是近期社会才有的观点，纵观人类历史长河，择偶标准与浪漫爱情并无多大关联（Ackerman，1994），人们更可能因为政治、经济、家庭和现实原因结婚，唯独不是因为相爱而结合。

很久以前，人们虽然承认爱情的存在，但对爱情的认知五花八门，例如，有人认为痴迷爱情是疯子（古希腊）；有人认为爱情一定不能有性，一滚床单就幻灭了，柏拉图式才是爱情的最高形式（古希腊）；有人认为婚姻的目的只是生小孩；有人认为婚姻是很严肃的，激情是可耻的，对异性产生强烈的性欲望都该下地狱，哪怕那个异性是自己的老婆。

更主流的观点是，绝大多数人认为婚姻和爱情没有半毛钱关系。即使在今天，全世界只有局部地区的人确信爱情应该与婚姻联系在一起。你们猜猜哪个国家最崇尚“因爱而婚”这个观念？中国？美国？

确切地说是北美。研究发现北美人最为接纳和热衷“因为爱，所以婚”[53]。

果真还是美国人最浪漫。原因何在？

也许是因为美国个人主义的盛行，大家开始注重自己的感受与体验；也许是因为美国经济大繁荣，成千上万的年轻人走出家门独立生活，他们便拥有了独立选择婚姻的自主权。

经济独立才能人格独立，自古以来就是这个道理。

以前婚姻的权力大多掌握在家族和父母手上，如中国的“父母之命”“媒妁之言”，说穿了就是经济不独立、人身不自由。

美国人对这种“爱情与婚姻应该紧密相连”观念的认可程度远胜于大多数其他国家的人。这种价值观的努力践行者之一就是著名心理学家罗伯特·斯腾伯格（Robert Sternberg）。

2. 爱情三元论

罗伯特·斯腾伯格认为各种不同的爱情都由三个成分构成（Sterberg，1987，2006），分别是亲密、激情和承诺。

这种观点叫作爱情三元论，也叫作爱情的三角形理论。

亲密：爱情的第一个成分是亲密（intimacy）。“竹马弄青梅、两小无嫌猜”，亲密，是两人之间感觉亲近、温馨的一种体验，亲密是一种“你喜欢我，我喜欢你”的感觉。亲密是温暖的。其实，亲密就是爱情中的友谊，包括理解、沟通、支持与分享。

激情：爱情的第二个成分是激情（passion），是指性的唤醒和欲望，激情是热烈的。不知道你们发现了吗，有的人我们很喜欢他（她）、很依恋他（她）、和他（她）在一起很快乐，但是我们发现他（她）很难引起我们的强烈冲动和欲望，但是有的人我们压根儿不了解，也不爱恋，却能勾起我们强烈的性欲望[54]。

这个叫“钻石”（Diamond）的心理学家像“钻石”一样坚硬的观点伤害了我们纯洁的爱情观：原来喜欢与欲望不一定紧密相连。

心理学家通过功能性磁共振成像技术（FMRI）研究发现，我们的“激情之脑”和“喜欢之脑”完全不是一个片区（Diamond，2004），大家各司其职、相互独立、运行良好。

也就是说你很可能非常喜欢一个人，但是对他（她）完全不来电，只能停留在喜欢，无法更进一步发展成爱情。

承诺：爱情的最后一个成分是承诺（commitment），一想到承诺，耳边就会响起结婚誓词：“你愿意娶这个女人吗？（你愿意嫁给这个男人吗？）爱她（他）、忠诚于她（他），无论她（他）贫困、患病或者残疾，直至死亡，你愿意吗？”“我愿意！”

此处的“我愿意”就是承诺，指投身于爱情和努力维护爱情的决心。包含对爱情的忠诚与责任心。如果说亲密是情感性的，激情是荷尔蒙的，那么承诺就是理性的，是一种决策。

3. 爱情的生理学视角

心理学家海伦·费希尔（Helen Fisher）认为存在着三种既相互联系又截然不同的生物系统控制着爱情成分（Fisher，2006），这具有演化学上的意义。

首先，性荷尔蒙让我们拥有性冲动，让人类能够繁衍生育，代代相传。

其次，吸引力让我们根据脑海中爱的地图，选择特定偏好的恋人，当我们遇见他（她）们时，我们脑海里的爱情荷尔蒙（多巴胺、内啡肽等）开始大量分泌，对我们和爱人的互动进行充分的奖赏。让我们在爱情中得到无与伦比的快乐与鼓舞。

最后是依恋，这里的依恋是指伴侣长期互相依靠、陪伴、关怀累积而来的安全感和稳定感，这种感觉能让夫妻长相厮守，把子女抚养成人，然后子生孙，孙生子，子子孙孙无穷匮也。

这种天生演化而来的三个不同的生理系统，最大限度地保障了人类的延续，它们共同支持着人类将爱情进行到底。

回到前面提到的问题：你愿意和你不爱的人结婚吗？

你可能斩钉截铁：怎么可能！

你可能思虑良久：我应该不会。

你可能犹豫再三：我可能会找个我爱的人恋爱，但是结婚还是找个爱我的人吧。

每个人面对爱情和婚姻都有不同的选择，但是从某种意义上说，每一个因为爱情走进婚姻的人都是勇敢的尝试者。

斯腾伯格的伟大之处不仅在于他的爱情三元论为不同类型的爱情提供了一个非常实用的理论框架，而且在于他设想了一种人类社会的理想爱情画卷：亲密、激情、承诺三者合一，集齐三颗“龙珠”召唤“真爱神龙”。

现代社会单身越来越多，这某种意义上代表了社会的进步，人们开始重视爱情，重视自我感受和体验。

我们更多的人不再因为传宗接代、父母之命、到了年纪而选择结婚生子，反而因为没有找到理想的爱情而更愿意选择孤身一人。

6.3
浪漫之爱的冰点与沸点

心理学关键词：

浪漫之爱

自我延伸模型

亲密关系中的印象管理

浪漫之爱拥有冰火两重天。

当我们心动、彼此靠近、彼此了解、激情燃烧，两个人的爱情飙升到沸点，那一刻，爱情让人欢欣鼓舞、让人迷失双眼。

当我们激情褪去、生活变得平淡、气氛变得沉闷、爱情降温，两个人的爱情跌落冰点，此时爱情还可以持续吗？

斯腾伯格既然把爱情画作一个三角形，认为爱情有三种成分：亲密、激情、承诺，那么这三种成分就会组成八种类型的爱，分别是：无爱、喜欢、迷恋、空爱、浪漫之爱、相伴之爱、愚昧之爱和完美之爱。

接下来我们讨论的是同时拥有亲密和激情的浪漫之爱。

1. 浪漫之爱的沸点：高度唤醒

如果你爱上了一个姑娘，你向她表达爱意，如果她含羞带怯地告诉你，她像你喜欢她一样喜欢你，你是否感受到强烈的幸福感向你排山倒海地涌来？如果她高傲地拒绝了你，你是否感觉极度痛苦、无法呼吸？

这种高度的唤醒来自浪漫之爱中的重要成分——激情。这种被高度唤醒的兴奋和欢快能增加我们对伴侣的爱，甚至不仅改变我们的身体感受，而且还能改变我们的思维。

当我们坠入爱河，我们会对伴侣有着美丽的想象，爱得最深的时候我们对爱人的理想化与赞美也达到了高峰。爱情是盲目的，爱情能够蒙蔽人的双眼，让人只能看到伴侣的优点。我们爱上的往往是我们加了无数层滤镜想象出来的一个人。

当我们处在高度唤醒的浪漫之爱中，我们甚至会对自己的伴侣更加“忠贞”。当你把某女星的性感照片给你热恋中的男友看，他可能会瞟一眼不屑一顾地说：“完全没有你好看呀。”

千万别觉得他是在哄你开心，此刻他可能是完全发自肺腑的，处于热恋中的高度唤起让他觉得自己的爱人（对，就是你）全世界无敌可爱。

2. 浪漫之爱的沸点——自我延伸模型

爱尔兰的罗伊·克里夫特的《爱》是我认为描述爱情最美的诗篇。

我爱你，不光因为你的样子；
还因为，和你在一起时，我的样子。
我爱你，不光因为你为我而做的事；
还因为，为了你，我能做成的事。

日本女神苍井优嫁给了日本的搞笑艺人山里亮太，她这样说道：“比起你喜欢谁，更重要的是你喜欢跟谁在一起时的自己。”

当我们坠入爱河，我们对自己的看法都会改变。阿瑟·阿伦和依莱恩·阿伦是一对社会心理学家夫妇，他们提出了自我延伸模型（self-expansion model），认为爱情使我们的自我概念得到扩展和变化，我们会逐渐了解到我们以前所不认识的自己（Aron & Aron，2006）。爱情会让我们变成更好的人。

譬如我们以前把自己定义为“贪生怕死”，结果发现遇到真爱后，当危险来临，我们居然用自己的小身板去阻挡危险，紧紧把爱人护在身后。

“爱人比自己更重要”，爱情给了我们无与伦比的勇气和力量。通过爱你，我变成了更好的自己。

一项对恋爱的年轻人跟踪10周的研究发现，他们的自我概念变得更加多元化。

以前我觉得自己是怯懦的，现在发现自己很勇敢；以前我很马虎，现在我居然很细致；以前我说话大大咧咧、粗声粗气，现在我开始顾及爱人的感受，变得轻言细语、肉麻兮兮。

我们在爱情中自尊也得到了提升。

以前我很烦恼我的雀斑，现在我的爱人说我的雀斑很俏皮；以前我觉得我只有一点可爱，现在坠入爱河的我发现自己简直可爱得要命，要不然他怎么爱我爱到无法自拔。

这就是坠入爱河让人们如此快乐的原因（Aron et al.，1995）。

3. 浪漫之爱的冰点：不可持久

尽管人们对爱情有许多美好的想象，海誓山盟，发誓共度余生，希望激情能一直持续，但是很可惜，结果很可能做不到。

高峰过后就是低谷，一项基本事实是：人们结婚后浪漫的爱情会减弱[55]。

随着时间的流逝，人们在浪漫之爱的量表上的得分会下降（Tucker & Aron，1993）。几年后，甚至不用几年，两年后夫妻之间表达爱意就比刚结婚的时候减少了一半（Huston & Chorost，1994），他们不再含情脉脉地对视，不再饱含深情地热吻，此时摸着对方的手就像左手摸右手。

原因是什么呢？

A　新奇褪去

新奇这件事本身就充满新奇。恋人之间的第一个吻会比以后无数个吻更让人激动。而且追求“新异性”不只是人类，更是许多物种的选择。

有个调查：假装你是皇帝，你拥有后宫佳丽三千，不用考虑道德和社会约束，你有两个选择：第一个：和多个女人都发生一次性行为（雨露均沾）；第二个：和多个女人中最漂亮的那一个发生多次性行为（独宠一人）。

你的选择是什么？

你的选择你知我知，你放在心底就好。

心理学家把这种新奇对性的唤醒称为“柯立芝效应”（Coolidge effect）。该词来自一个老故事，据说美国总统卡尔文·柯立芝（Calvin Coolidge）和妻子参观了一个家禽农场。在参观中，柯立芝太太发现一只公鸡接二连三地趴在一只母鸡的身上。

“这只公鸡真勇猛！”柯立芝太太对农场主表示。“请告诉柯立芝先生。”第一夫人强调。

总统听到后，问农场主：“这只公鸡每次都是为同一只母鸡服务吗？”

“不，”农场主回答道，“有许多只不同的母鸡。”

“请转告柯立芝太太。”总统道。

柯立芝效应以“渣”闻名，但是它在一定程度上展示了人类和其他物种的生物学本性。

我们知道生物体生命的终极目的就是要完成基因传递。从这个意义上说，后代最多的生物个体就是最成功的个体。

例如有众多妻子的摩洛哥国王，得到他本人承认的子女就有 1 413 个，是传说中拥有最多孩子纪录的保持者，他可能因为此纪录站在男人仰慕视线的金字塔顶端。

总的来说，“浪漫因新奇、神秘和危险而繁盛，却因为熟识而消亡”

（Mitchell，2002）。

B　幻想消失

爱人褪去了理想的光环，走进现实的柴米油盐中，他（她）并没有七彩祥云，也不是盖世英雄，他（她）也会吃喝拉撒、不修边幅，甚至在你还没吃饱的时候夹走盘子里最后一块牛肉。

关于亲密关系中印象管理的研究发现，我们不会在熟人和爱人面前一直保持良好的形象。

人们与伴侣认识的时间越长，他们在约会的时候，在洗手间里梳洗打扮自己的时间就越短（Daly et al.，1983）。

反正无论我涂的口红是端庄大气的正红色，还是温柔贤淑的豆沙红，抑或是鲜艳活泼的橘红，你也分不清我的口红色号。

我们对在亲密伴侣面前所呈现的形象关注度，远不如面对陌生人的在意[56]。

例如，我每天上课都会精心装扮以示对师生的尊重。但是我周末在家可能连脸都懒得洗。

这可能是因为我们知道我们的好友和爱人已经洞悉了我们“画皮”之前的真相，所以我们无须再掩饰。更可能是因为我们太懒了，表现好的言谈举止需要专心、努力和自我约束，在家里我们只想“葛优瘫”。

浪漫之爱跌宕起伏的故事已经接近尾声，浪漫之爱如果注定会消逝，漫长的婚姻岁月我们的爱情究竟该安放在何处？

敬请期待：相伴之爱。

6.4
请给爱情一个期限

心理学关键字：

相伴之爱

婚姻荷尔蒙

友谊和承诺

罗大佑在一首歌里唱：你曾对我说，会永远爱着我。爱情这东西我明白，但永远是什么？

如果爱情只是荷尔蒙，那么随着荷尔蒙的消退，我们的爱情靠什么维系？

据心理学家们的统计，大多数婚姻破裂发生在结婚第四年，因为这个时候我们会惊恐地发现，爱情的魔力消失了。

没有了滤镜，没有了晕轮，没有了高光，我们越来越能看清爱人本来的样子。

原来他不是我想象的那个人。

她也不完全是我想象的那个人，但是和她相处我还是觉得快乐。

爱情在“痒”过后慢慢稳定，我们也从浪漫之爱逐渐走到爱情的另一个阶段：相伴之爱。

1. 友谊浮出水面

当问及数以百计结婚至少 15 年以上的夫妻，为什么他们的婚姻可以持续，有两个答案浮出水面。

A 配偶是我最好的朋友

B 我很喜欢配偶这个人

研究发现，有 44% 的年轻人在婚前表示，浪漫的情侣也是他们最好的朋友[57]。浪漫之爱中，也许是激情的成分太耀眼，大家往往很难觉察到亲密友谊的存在，反而在相伴之爱中，友谊终于浮出水面，堂堂正正地站到了聚光灯下。

杨澜曾这样形容婚姻：你们之间除了爱，还有肝胆相照的义气，不离不弃的默契，以及铭心刻骨的恩情。

这段话给婚姻定义得价值太高，听上去总觉得如果有人忘恩负义就该千刀万剐似的，但是这其中确实包含了婚姻的三层含义：夫妻间的友谊、交情和三观，可能这才是婚姻稳定的关键。《小王子》里面写道：世界上有千万朵玫瑰，个个热情洋溢，娇艳欲滴。但对小王子来说，只有他细心浇灌日日夜夜陪伴的小玫瑰，才是他心底最珍贵的。浪漫之爱 = 友谊 + 激情，相伴之爱 = 友谊 + 承诺，原来友谊才是爱情发生、爱情持久、婚姻满意的关键。

2. 承诺保护伞

男性和女性谁更重视承诺呢？

毋庸置疑，答案是女性。

谁付出得多，谁就更重视。

正是女性在婚姻和生儿育女中付出太多、代价过高，所以女性在择偶和婚姻上要比男性理智得多。

发现没，生活中最先有保险意识、为家人购买保险的也通常是女性，女性更容易察觉到平静现实背后的种种危机，她们的危机意识、忧患意识让她们活得更久。

“不以结婚为目的的谈恋爱都是耍流氓。”相比男性对于短期关系和长期关系都有兴趣，女性更执着于恋爱的长期关系，她们在择偶中更加谨慎，女性对爱恋对象也更加挑剔，她们一般会选择能作出承诺的对象结婚。所以，承诺是预测女性对亲密关系满意度的最重要成分（Sternberg，2006）。

女人对穿白纱当新娘这件事有深刻的执念，她们普遍认为，只要男人不愿和她结婚，就不是真的爱她。

那么，承诺真的有用吗？承诺真能促进亲密关系的发展吗？

3. 承诺是爱情的长期保险

承诺作为爱情三元素中的绝对理性成分，对一段亲密关系的发展至关重要。承诺给爱情设定了一个期限，它指向亲密关系的长期发展。

首先，承诺会促进顺应性的行为（accommodative behavior）。当我们的伴侣对我们发火的时候，你是选择忍耐，还是激烈对抗、以牙还牙、以眼还眼？

如果你们是一段没有承诺的短期关系，你可能选择反驳，谁怕谁啊！谁还能没了谁不成？但是如果你们是拥有承诺的长期关系，你可能就会考虑、斟酌、冷静，等他怒火平息，再秋后算账，罚他跪搓衣板。

这种自我控制（self-control）非常有利于亲密关系的发展。具备情绪控制力是一个人成熟的标志，我们通常会建议女性择偶的时候要重点考察这个男人的情绪控制能力。如果他现在就容易对你大吼大叫，以后就可能对你动手动脚。别看他现在爱你爱得死去活来，你觉得自己会是特例，但其实情绪控制不佳是他的人格特质，不会因为你而改变。而且高自控的人也更有可能抵挡住诱惑。

总的来说，承诺让你忍无可忍的时候，可以“从头再忍”。

其次，承诺的人还表现出更大的牺牲意愿（willingness to sacrifice）。

很多人都会问成功女性一个问题：如何维持事业和家庭的平衡？

哪里来的平衡！每个人的精力都有限，投入家庭就很难投入事业，专心事业就很难兼顾家庭。如果你事业不错、家庭圆满，一定是你的伴侣作出了牺牲，他为了关系的融洽牺牲了个人利益[58]。

承诺会使人们将自己和伴侣看成一个整体，它把“我”变成了“我们”，是“我泥中有你，你泥中有我”。

夫妇合体，夫妻同心，一荣俱荣，一损俱损，让伴侣获益就是让自己获益，承诺会让你更加甘愿包容牺牲。

当然，承诺不只是走“苦兮兮”的路线，它还能让你“飘飘然”。最后，承诺能改变你的认知，让你对你们的关系更有优越感（perceived superiority）。

当关系中出现第三者，新闻里只有原配怒斥、怒打小三，鲜少见到小三打原配。这是什么力量？这是周围“吃瓜群众”给予的道德和舆论的力量，也是法定承诺给予原配的理直气壮。

综上所述，通过以上三项论据，足以证明承诺是爱情的长期保险，是亲密关系的保护伞。如果关系中的一方盲目忍耐牺牲，便会导致挫败，但是如果伴侣双方都这样做，这种行为就会有力地保护亲密关系，促进亲密关系的持久稳定发展（Remirez，2008）。

既然已经买下爱情保险，如何让承诺这张保单生效呢？

4. 婚姻荷尔蒙

相伴之爱与浪漫之爱有着不同的生理基础，如果说多巴胺是浪漫爱情的催化剂，那么催产素则是相伴之爱的见证者。

催产素可是人与人关系江湖中的“九华玉露丸”和“黑玉断续膏”，外敷内服，包治百病。主要功能如下。

让妈妈更爱宝宝：刚生完宝宝的妈妈，血液中会分泌大量的催产素，这些激素让妈妈超爱自己的宝宝，拥抱宝宝，与宝宝喃喃细语，对宝宝微笑，无微不至地照顾宝宝（Feldman et al.，2007）。

让爱人更爱彼此：与爱人的接吻和做爱会刺激催产素的释放（Hill et al.，2009），做爱后的放松和相拥而眠也是催产素的杰作（Flord，2006）。

让普通人更加互相信任：科学家发现催产素能够影响一个人的慷慨或自私程度，他们称之为“道德分子”。催产素可以提升同情心，让人对陌生人更加信任（Theodoridou et al.，2009），对家人更加依恋。

多巴胺和催产素在身体里一直存在，所以很难出现绝对的浪漫之爱和相伴之爱，相伴的爱人可以体验到激情，浪漫的爱人也能体验到承诺，浪漫之爱与相伴之爱这两种爱情的区分远比我们这里讨论的模糊得多（Fehr，2006）。

我们因为亲密的友情互相喜欢，因为燃烧的激情而相爱，我们在爱情最浓烈的时候会承诺彼此永远在一起。此时，承诺意味着分享、支持、诚实、忠贞和信任[59]，有了承诺的爱情，会让夫妻之间相互信任，他们会充满希望地计划未来的生活，会爱得更加热烈，对爱情的满意度更高[60]。

最后用一句被说了千百遍也不厌倦的话来结尾吧，“如果要给我的爱情设一个期限，我希望是一万年”。

6.5
拓展：喜欢和爱情的测量

斯腾伯格认为爱情有三种成分，那么这三种成分就会组成八种类型的爱，分别是：无爱、喜欢、迷恋、空爱、浪漫之爱、相伴之爱、愚昧之爱和完美之爱。

我们来简单解释一下爱的八种类型。

无爱：没有亲密、没有激情、没有承诺、我的世界一片荒芜。

喜欢：只有亲密，我们喜欢我们的朋友。

迷恋：只有激情，我们看见电影里身材火辣的女郎所产生的一种强烈的生理唤起。

空爱：只有承诺，很多包办婚姻便是如此。

浪漫之爱：亲密＋激情，浪漫之爱常常出现在两个年轻人身上，如校园中的恋爱，我们有感情基础——亲密，也有浪漫故事——激情，唯独缺了承诺，感情难以持久。

相伴之爱：亲密＋承诺，相爱的两个人会努力维持深刻、长期的友谊，即使激情不再，这段亲密关系依然长存，很多持久的婚姻就是拥有深刻的相伴之爱。

愚昧之爱：激情＋承诺，一见钟情、强烈吸引、立刻结婚的婚姻往往面临着重大考验。双方既没有对彼此的深刻了解，也缺乏共同语言，这种爱情尤其盲目，“闪婚”通常会“闪离”。

完美之爱：亲密＋激情＋承诺，三者合一，这种完美之爱的状态难以持久。

问题来了，如何区分友谊和爱情呢？如何区别喜欢和爱呢？

我们来看看心理学家鲁宾（Rubin，1973）的喜欢量表和爱情量表，可以帮助你判断你到底是喜欢他（她）多一点，还是爱他（她）多一点。

在心里默念一个人，然后对应两个量表打分（是 =1，不是 =0），哪一份量表得分更高，你对他（她）的感情就更倾向于哪一种。当然，你也有可能会同时非常喜欢并且非常爱一个人。

喜欢量表

（1）当和他（她）在一起时，我发觉好像二人都有相同的心情。

（2）我认为他（她）非常好。

（3）我愿意推荐他（她）去做被人尊敬的事。

（4）以我看来，他（她）特别成熟。

（5）我对他（她）有高度的信心。

（6）我觉得和他（她）相处过的人，大部分对他（她）都有很好的印象。

（7）我觉得他（她）跟我很相似。

（8）我愿意在班级或团体中，做任何事都投他（她）一票。

（9）我觉得他（她）是许多人中容易让别人尊敬的一个。

（10）我认为他（她）是十分聪明的。

（11）我觉得他（她）在我所有认识的人中，是非常讨人喜欢的。

（12）他（她）是我很想学习的那种人。

（13）我觉得他（她）非常容易赢得别人的好感。

爱情量表

（1）他（她）情绪低落的时候，我觉得很重要的职责就是使她（他）快乐起来。

（2）在所有的事件上我都可以信赖他（她）。

（3）我觉得要忽略他（她）的过失是一件很容易的事。

（4）我愿意为他（她）做所有的事情。

（5）对他（她）有一点占有欲。

（6）若不能跟他（她）在一起，我觉得非常不幸。

（7）如果我很孤寂，首先想到的就是去找他（她）。

（8）他（她）幸福与否是我很关心的事。

（9）他（她）不管做什么，我都愿意宽恕她（他）。

（10）我觉得他（她）得到幸福是我的责任。

（11）当和他（她）在一起时，我发现我可以什么事都不做，只是用眼睛看着她（他）。

（12）若我也能让他（她）百分之百地信赖，我觉得十分快乐。

（13）没有他（她），我觉得难以生活下去。

总体来说，喜欢是简单的，爱情是复杂的。

喜欢只包含亲密这一个成分即可，爱却拥有亲密、激情和承诺。

喜欢是淡淡的爱，爱是浓浓的喜欢。喜欢是爱情的初级阶段。

很多人由友谊升华成了爱情，却很难从爱情再退回到友谊。

喜欢是前进的，爱情却是后退的。

人们会因为朋友漂亮、性格好、能力强而喜欢他们，而人们爱自己的爱人，是因为需要他们，并且愿意为对方做所有的事情。爱情是包容，是宽恕，是恒久忍耐。

我喜欢你是因为你什么都好，我爱你是因为你就是你。

第 7 章　爱情经济学

7.1
论爱情合资有限公司的开业

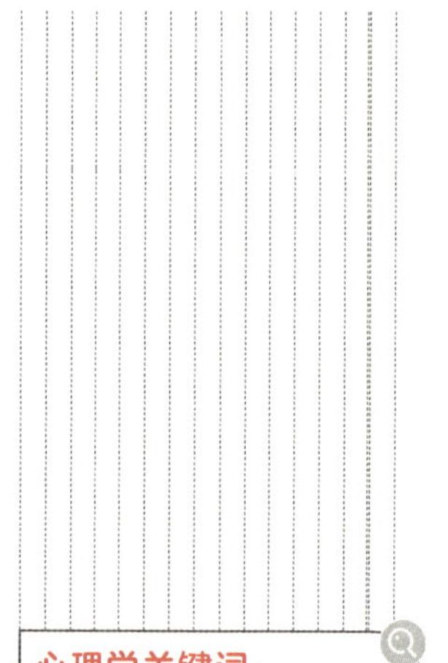

心理学关键词：

相互依赖理论

奖赏和代价

适配价值

比较水平

小 A 最近忙于相亲，她偷偷告诉我，她要找个 100 分的男人，我一听心就悬了。

果不其然。相亲对象 1 号非常优秀，是个大学教授。对，你没有看错，教授，年轻的教授，归国博士后、才华横溢、勤奋踏实，相信不出 10 年，一颗闪闪发光的学术新星将冉冉升起。

小 A 和他见了一面，黄了。原因如下：对方出身农村家庭，双方没有共同语言，对方长期忙事业，没有心思关心她的情感需要。

相亲对象 2 号也不错，公务员、城里人、家境优越、工作稳定。

小 A 和他见了一面，又黄了。原因如下：他家庭环境好，但不求上进，学历一般，又是公务员，没有“钱”途。

相亲对象 3 号很可爱，程序员、脑子活、风趣幽默，有生活情趣。

小 A 和他见了一面，还是黄了。原因如下：程序员没“编制”，表面上很赚钱，但是只能吃“青春饭”，社会地位不够高，她爸妈不会同意。

小 A 的问题在哪里？

她想要一个怎样的爱人？

有才华、有品位、有经济实力、对她好、温柔体贴、脾气好，还得高大帅气，最好有六块腹肌……

好吧，那么她自己呢？

1. 爱情可以是个商业故事

爱情大师罗伯特•斯腾伯格最广为人知的是他的爱情三元论，可是，当他更老了以后，他变得宽容平和，觉得对爱情的要求不能那么多，他突然顿悟，原来爱情是一个故事。

你觉得自己是明珠蒙尘的灰姑娘，期待有个王子骑着白马来拯救自己，这是童话故事。

你热衷于和自己琢磨不透的异性恋爱，觉得这种感情又兴奋、又刺激、又恐怖，这是恐怖故事。

如果爱人离你而去，你的生活将是一片空白，你的世界都成废墟，这是成瘾故事。

爱情像是打游戏，通关很刺激，打输了也没关系，那种输赢不确定的感觉才好玩，这是游戏故事。

爱情很像养一盆花，不加照顾、不给阳光雨露就会枯萎，这是园艺故事。

你喜欢同时约会不同的对象，每个对象都不一样，这是有收藏癖的收藏家的故事。

还有许许多多的人相信亲密关系是合作关系，这是商业故事。

斯腾伯格表示，一段感情是否幸福、能否维持，很大程度上取决于男女双方关于爱情的故事是否匹配。

现在，我们来想象爱情是个商业故事。如果你去买一件衣服，你会选择什么样的？

最好看的并且最便宜的！

听上去像是做梦，当我每次在“SALE（打折）”的货架上好不容易挑到一件顺眼的衣服，刚惊喜地把它拿下来，身边就响起柜台小姐温柔的声音：“哇，您眼光真好，这件是新款，没有折扣，不好意思，我们不小心挂错了货架。”

好看并且便宜确实是人们的理想追求。

那么，想象一下我们像购物一样在“人际商厦”里浏览，我们在寻找什么样的伴侣呢？

回报最大和成本最低的！

听上去更像做梦。不过，心理学认为，我们确实只会与能够提供足够利益的伴侣维持亲密关系[61]。

亲密关系也是一种社会交换，主要是情感交换。

那么，什么叫足够利益呢？

2. 爱情合作有限公司如何盈利

先来理解两个专业词汇：亲密关系中的奖赏和代价。

如何让你的公司盈利？答案：利润大于成本。

如何让你的爱情盈利？答案：奖赏大于代价。

奖赏：我们在交往中所有想得到的，能带来满足感的事情，有物质的，也有情感的。

爱人的一束花，让我自己被爱、被重视、被放在心上，这是奖赏。

当我受到挫折的时候，爱人拥抱我、鼓励我、安慰我，让我觉得自己被理解、不孤单，这也是奖赏。

代价：我们在交往中不想拥有的经历或者有心理负担的事情。

很多人向我哭诉：晓文老师，我连自己都养不活怎么恋爱啊！

对，谈恋爱确实花销大，这是代价。

同时有两个男孩追我，我选择了 A，就意味着放弃了 B，为了一棵树放弃整片森林，遗憾也是亲密关系的代价。

结果＝奖赏－代价。结果分数越高，公司赚得越多，我们越满意吗？

3. 你对爱情公司满意吗

如果奖赏高于代价，我们就会觉得这个“爱情买卖”划算吗？

小 A 说：我的结果有 10 分，我一定对我的亲密关系很满意。

小 B 说：不会吧，我的结果只有 2 分，我需要把分手提上日程吗？

“结果 10 分”的关系一定比“结果 2 分”的关系更让人觉得满意吗？

做个类比，小 A 一个月挣 1 万块钱，小 B 一个月挣 2 000 块钱，小 A 比小 B 对收入更满意吗？

表面看好像是这样。

但是，如果小 A 以前一个月能挣 2 万块钱，小 B 以前一个月只能挣 800 块钱呢？

还有，如果小 A 觉得自己明明能挣 5 万块钱，现在却只能挣 1 万块钱，小 B 觉得自己压根儿挣不到钱，现在却有个公司居然愿意给她 2 000 块钱。

你此刻还觉得现在挣 1 万块钱的小 A 比现在挣 2 000 块钱的小 B 更开心吗？

感受到爱情经济学的复杂了吗？好戏还在后头。

实际结果的多少并不能衡量我们对爱情的满意度，比较水平（comparison level）才是衡量爱情的温度计。

比较水平，也就是人际关系的期望收益，它决定了我们亲密关系的满意度。

你觉得你的爱情买卖是否划算，那得看你的期望值是多少。

你的期望值是多少，得看你以前拥有多少。

月收入 1 万块钱的人不会觉得买个苹果吃就开心。

从来没有收过礼物的穷孩子可能收到 5 块钱的蝴蝶结就开心得跳起来。

如果你的期望值很低，如果你比较缺爱或者比较自卑，你的池塘里只有一条鱼，哪怕这条鱼真的不怎么样，你仍然对这条鱼越看越满意。

同理，如果你的期望值很高，你本来就是众人热捧的万人迷，就算遇到一条锦鲤，你可能也觉得不过如此。

关键在于：你的期望值和比较水平。

你期望伴侣 60 分，结果你找到了一个 80 分的男人，你很满意，你觉得自己赚到了。

你期望伴侣 100 分，结果你找到了一个 90 分的男人，你很郁闷，你觉得自己亏本了。

期望值和比较水平很像一个人的阈值。

小的时候我们都叫“没头脑”，长大以后我们都叫“不高兴”。

为什么长大后越来越难开心？我们的阈值升高了，我们的要求变多了。

等闲变却故人心，却道故人心易变。

7.2
论爱情合资有限公司的倒闭

心理学关键词：

替代选择

适配价值

四种类型的关系

1. 离婚的“正当”理由

朋友小 A 找我倾诉：我和我老公没有任何共同语言，完全无法沟通，他每天忙于他的工作，完全不顾家、不给钱、不带娃、不照顾爹妈，全家都靠我一个人，我觉得有老公和没老公一个样……

我问：为什么不离婚？

小 A：离婚？好像也没有到离婚的地步吧，总觉得大部分人的日子都是这样过，不过我心底还是想离婚的，我有时候偷偷希望他出轨，我就可以名正言顺地离婚了……

原来，离婚还需要一个名正言顺的理由。

这个理由是出于对婚姻的不满意，感觉不幸福、不快乐吗？

不，在现实生活中，这些看似理所当然的离婚理由反而很难导致真正的婚姻破裂。

什么是冲击亲密关系的核武器？

替代选择。也就是传说中的第三者，俗称“接盘侠”。它才是婚姻破裂最理直气壮的理由。

亲密关系中的残酷物语：不是所有幸福

的亲密关系都会长久；不是所有不幸福的亲密关系都会破裂。

2. 替代选择决定亲密关系是否长久

替代选择是亲密关系中最深刻有趣的发现，替代选择能决定我们对这段关系的依赖程度。

A　如果其他的关系能带给我们更好的收益，即使我们对现状还满意，我们也有可能离开现在的伴侣。

案例：我和男朋友关系一直不错，爱情长跑了 7 年，虽然平淡却很温馨。没想到他去某地出了一趟差回来就全变了。我知道，因为他遇见了一个比我更好的女孩，平静的小溪怎么能和惊涛骇浪相比呢？

B　即使我们对亲密关系不满意，在没有更好的替代选择出现之前，我们也不可能脱离现在的关系。

案例：我每天都和老婆争吵，十分痛苦，我也不愿意回家，但是怎么办呢？你问我想没想过离婚，其实也是想过的，但想到痛苦的孩子、愤恨的老婆、失望的父母、不解的朋友，算了，还是这样过下去吧，而且我们现在人到中年，真的离了，又能找个什么样的人呢？

既然涉及替代选择，当然就有比较衡量，就有对自己的判断。此时，另一个重要概念登场：适配价值，也就是我觉得自己值多少分。

我多少分？你多少分？我们相配吗？

替代选择与我们的自尊密切相关，因为很多时候所谓的“能不能找到更好的替代选择”是我们主观认识的产物，人们如果自尊低，会怀疑自己的吸引力[62]，从而低估自己，不看好自己另一段感情的前景，或者压根儿认为自己没有其他任何的出路，于是，就会没有能力从一段不好的关系中挣脱出来。

当然，信息的获取也非常影响一个人的判断，如果你是一个家庭主妇、全职太太，你得到的替代选择信息就会非常有限（Rusbult & Martz，1995），与那些见多识广、拥有自己职业的女性相比，你的替代选择会少很多。

读到这儿你可能会失望，亲密关系真的全是衡量和买卖吗？

让我给你来点好消息吧。研究发现，如果你对你的亲密关系满意度很高的话，你真的没什么兴趣去观察和注意周围还有哪些“花枝招展”的替代选择。

3. 四种类型的婚姻关系

比较水平决定我们对亲密关系是否满意，替代选择决定我们的亲密关系是否长久，于是，我们拥有了四种类型的亲密关系。

第一种：不幸福也不稳定的关系。

我说你一天到晚只知道“买买买”，你嫌我不争气，挣得不够多。

我安装了多个交友软件，常在网上和陌生人聊天搭讪，你每天在酒吧对各种“潜在对象”暗送秋波。我们积极地寻找其他出路，争取早日一别两宽。

我俩结婚以来三观和目标从未一致，但是在尽快离婚这件事上简直默契十足，堪称知己好友。

这种婚姻关系称作“双低”关系，满意度低、依赖度低，是既不幸福又不稳定的关系。

第二种：不幸福但稳定的关系。

我嫌你没本事、木讷、不会来事，混了好多年还是小科员，但是揽镜自照，我也早已是身材走样的黄脸婆一个。

我们每天为鸡毛蒜皮的事争吵，经常把“日子过不下去了”挂在嘴边，却不会真正离婚，都过了这么多年了，早就不是亲人胜似亲人，买卖不成仁义在，好不容易开个“夫妻店”哪能说散就散。况且，我现在这个年龄哪能再找个好男人？凑合着过吧，没有谁不是在凑合着过。

这种婚姻关系满意度低、依赖度高，非常稳定。高稳定和低质量，是中国人常见的夫妻关系。

第三种：幸福但是不稳定的关系。

我和我先生关系很好，我们性格合拍，相处愉快，唯一美中不足的是我们两个人都太忙了，他每年满世界跑，我也是大部分时候都在加班，一年能相聚的日子不超过 2 个月。有时夜深人静突然发现我已经想不起他的脸。有时候我也会想，爱情是需要时间来灌溉的，会不会他已经在异国他乡遇到了一个更适合的女孩呢？

我和我的妻子感情不错，她是那种典型的独立成熟新女性，我欣赏这一点。我们两个都不怎么依赖对方，我一年到头到处出差跑业务，她也是常常忙得不见人影，有时候觉得我们这种相处模式很好，给了双方最大的自由，有时候觉得她会不会希望身边的人陪她更多呢？但是现阶段的我还做不到。

这种婚姻关系满意度高、依赖度低，是幸福但是不够稳定的关系。

第四种：幸福并且稳定的关系。

我对我们的关系超级满意，我和先生非常相似，大家都是超级懒惰之人，也是平凡之人。他不是公安厅长，没有一个“高小琴”跳出来诱惑他，我更不是绝世佳人，绝对不会跳出来一个“吴亦凡”对我表明心意，我们就是烟火人间里最平凡不过的小夫妻，没有那么多选择，也没有那么多诱惑，我觉得我们真的可以到白头。

这种关系满意度高、依赖度高。是又幸福又稳定的关系。

我爱你，你爱我；我 7 分，你 8 分，我们差不多，所以投向彼此的目光都带着欣赏和惺惺相惜；我们相互了解而且互相依赖，顺境时能够分享快乐，逆境时能够相互支援；我们知足常乐，珍惜缘分，我们觉得一起经历过世事最难得，所以不会因为周围的花花草草迷失方向。

只有每项条件奇迹般地都具备，两人的爱情合资有限公司才能红红火火。

亲爱的读者，你现在处于哪种亲密关系中呢？

7.3 论公司两大股东的权力博弈

心理学关键词：

人际剥削法则

最小兴趣法则

付出较少法则

爱的“马太效应”

今天我要讲一个故事，一个付出者的故事。

小花和小伟是同一个村考进大学的，他们彼此有着相似的背景：家庭不富裕，父母能力有限，都有几个弟弟妹妹需要照顾，所以他们彼此相互了解、相互体恤。他们都有相似的追求：希望通过个人努力和奋斗，改变自己和家人的命运，所以他们相知相惜，互相鼓励。

他们两个都很勤奋，成绩都很好，两个人都能保送研究生，但是如果两个人都继续深造，嗷嗷待哺的弟弟妹妹怎么办呢？

两人经过商量和权衡，决定一个人放弃读研去南方赚钱。

那么，谁放弃呢？

最后放弃的是小花。她想：“我是女孩，学历比自己男友高太多也不好，而且我和小伟既然决定了以后在一起，他出人头地后一定不会辜负我对不对？”

于是小花去南方打工，供养两家的弟弟妹妹读书，小伟留校深造，他非常争气，读完了硕士读博士，读完了博士娶了博导的女儿。

小花来我咨询室痛哭："我为他付出这么多，他的良心被狗吃了？"

亲密关系是个温馨的词语，但是却拥有现实而残酷的法则，今天让我们一起来揭秘。

1. 人际剥削法则

在任何关系中，操心较少的人对操心较多的人拥有剥削权力。

新手妈妈最容易抱怨，每天照顾孩子操心得要命，老公简直是个"大头巨婴"，完全指望不上！当然，如果你每天坚持 24 小时做孩子的贴身保姆，亲力亲为喂他喝奶、陪他玩耍、给他洗衣服、半夜哄他睡觉……

当好心人给你建议：你老公可以帮忙啊，孩子他也有份啊……

你一脸嫌弃地说：他什么都不会，怎么可能做得好？

恭喜你，你老公可以悠然自得地做个甩手掌柜，他拥有了继续剥削你的权力。

朋友小 A 跟我分享：在一个寒冷的冬夜，孩子半夜哇哇大哭，我和我老公都躺在床上，都不想离开温暖的被窝，我踢他的腿让他下床，他踢我的腿让我下床，我们一直在忍耐、在比赛、在比拼内力、看谁先熬不住。最终，我老公翻身下床去哄孩子，我长长地松了一口气，以后夜夜起来哄孩子的就是他了，我终于可以睡个好觉了。

2. 最小兴趣法则

在任何关系中，对继续和维持目前关系兴趣较小的人拥有更大的权力。

我们来看看传统婚姻，为什么传统婚姻中男人拥有绝对的权力？

男主外，女主内。

简单的内外二字差别，人生不同的打开方式，完全是不一样的人生风景。

男人的世界向外打开，他可以看到崇山峻岭、星辰大海。在追寻事业的过程中，男性开阔了眼界，拥有更多的选择和更多的兴趣。当然，他们会遇到更多潜在的优秀伴侣，如美丽干练的女客户、漂亮温柔的女秘书等。

反观女性，她的世界完全向内开放，家庭可能是她唯一的天地，家庭也可能是她唯一的兴趣和支柱。她的视野越来越小，她根本遇不到有趣又优质的男性。

这样一来，男性对关系的兴趣远远小于女性，于是，男性可以拥有更多的权力。有经济条件的男性甚至会扔给妻子这样的“糖衣炮弹”：你不用工作，工作多辛苦啊，你看谁谁谁，天天忙工作，老得多快；我负责赚钱养家，你负责貌美如花。

丈夫建议妻子不去工作，以便维持现存关系的权力结构。所以，女性一做全职太太，就把亲密关系中的权力完全拱手让人。

3. 付出较少法则

在亲密关系中，投入或者付出更多的一方更不愿意结束关系。也就是说付出较少的一方拥有更大的权力。

我们接着小花和小伟的故事讲，小花在我咨询室痛哭后，小伟也来到我的办公室，他说：“她为我付出这么多，一般人听了，只要不是铁石心肠，都会被打动吧？为了省钱，她一般很少会来看我，但是我们每天都会通话，都会视频。她所有的话题都是，最近好累，你要争气啊；你要争取多发论文，这样才有可能留校；工作好辛苦，但是我为你坚持着……”

“这些话听一两天我还挺感动，可每天听这些内容，我压力大得要命。读博士对于我们这些寒门子弟来说就是一条不归路，人生没有试错成本，只能成功，不能失败。当课题不顺或者和导师关系紧张的时候，我一天一天睡不着觉，一把一把掉头发，我开始不敢接小花的电话，我开始逃避……这个时候我遇见了我导师的女儿，她每天安慰我说，没事，千万不要给自己这么大的压力；你就算博士毕不了业也比其他人优秀得多。和她在一起是多么单纯、多么快乐、多么无忧无虑啊……在感情上我辜负了小花，我有了道德污点，但是我没有辜负自己，我的心确实变了……"

据说，很多人在这个故事中看到了自己。

很多人，特别是女性会有一种错觉，觉得在两性关系中的付出有一种天然的高尚感和道德感。我在付出，我在牺牲，我多么无私啊；我付出这么多，他一定会珍惜，除非他良心被狗吃了，结果，他的良心果然被狗吃了。

这种过多、过剩的付出感是一种执念，是病要治。过度付出的人只感动了自己，感动不了他人。

更何况付出背后还有另外一层意味，即如果我对你好，你就应该对我好；如果我把心都给了你，你也必须把心都给我；如果你欠我的人情，你就应该按照我想要的方式来还。

过度地付出是枷锁，枷住了付出者，也锁住了接受付出的人。

很多人给我写信，信中说："晓文老师，我知道一味地付出没有好结果，但是我发现我就是付出型人格，除了付出我不知道还能用什么来获取别人的爱。小的时候，我用付出获得父母的爱；长大点，我用付出获得老师的关注；再长大点，我用付出获得领导的青睐；结婚后，我用付出赢得老公的心；生孩子后，我用付出赢得孩子的爱。这个心理模式和行为模式在我小的时候已经根深蒂固，你现在让我不再付出，我根本做不到。"

你当然需要付出，任何一段亲密关系都需要付出，但是需要双方的付出。

心理学家告诉我们，一段关系，越付出，越珍惜。我们每个人爱的都是自己，所以我们最爱的都是自己的付出。

让伴侣珍惜我们的关系的方法其实很简单，我们付出的同时让对方也付出，越付出，越珍惜，越离不开，如果我们双方都努力付出，悉心培育，我们的亲密关系就会茁壮成长，坚如磐石。

最后谈一谈爱情上的“马太效应”，即凡是他有的，还要给他，叫他多多益善；凡是没有的，便要连他所有的，也要一起夺来。

赛德希尔说过，贫穷和匮乏，会让人视野狭窄，看不到除了你缺乏的目标以外的东西，如果人的整个生活只为了钱或者爱而运转，反过来就会加剧贫穷并且缺爱。

穷者愈穷，富者愈富，在爱上也是一样。

缺爱者越来越缺爱，多爱者越来越多爱。

内心缺爱——极度渴望爱——为了获取爱，极度压抑自己，不断付出爱，因为爱的不对等，付出者觉得得到不够，获取者觉得压力太大，最终失去爱。

原生家庭幸福的孩子，本来爱就充足的孩子，获得爱并且延续幸福的能力也就越强；而原生家庭不幸的孩子，爱本就匮乏的孩子，有更大概率复制父辈的行为模式，更可能导致不幸。

亲爱的读者，你们也许有一天会为人父母，或者已经为人父母，你可知道你给孩子的第一份爱有多重要？

毕竟，你们就是孩子的原生家庭。

7.4 爱情银行的不平等合约

心理学关键词：

相互依赖理论

奖赏和代价

朋友小 A 的故事：本周一到本周四，我男友都送我上下班。周五的早上，男友告诉我，今天他有事，我必须自己打车上下班。我一听火冒三丈，为什么是周五，难道不知道今天打车多难吗？有什么事比你女友更重要，你根本就不重视我！

如果纯粹以奖赏和代价来计算亲密关系，小 A 与男友的爱情账簿上应该是周一到周四得 4 分，周五减 1 分，总的来说，本周的得分依然有可观的 3 分。但是为什么小 A 与男友大吵一架，整个周末都在僵持和冷战中度过呢？

1. 代价比奖赏更有力量

大多数人的爱情轨迹似乎都是一条抛物线，上升到顶点后，随着岁月的流逝，亲密关系的浓度会慢慢下降。

有人说，相爱容易相处难。

有人说婚姻的难处在于，你和一个人的优点结婚，却和一个人的缺点过日子。

谈恋爱的时候，你觉得你的爱人全身上下都是优点。结婚以后，你觉得你的爱人全身上下都是缺点。

调查发现，许多亲密关系中存在大量的不愉快事件。

根据大学生情侣报告，他们每周都会吵架 8.7 次，几乎相当于一天一小吵。

许多年轻人抱怨，上一周自己的爱人至少有一次表现得挑剔、固执、自私或者不可靠（Perlman，1989）。

已婚伴侣也不能幸免，他们每月也要发生一次到两次不愉快的争执（McGonagle et al.，1992）。果真，就算是再恩爱的伴侣，一辈子也有 500 次想要掐死对方的冲动。

真的是因为我们变得更差了吗？

为什么我们总容易想起爱人对我们不好的地方呢？

因为在我们的爱情银行里有个不平等条约——坏的比好的更有力量。

我有门“爱情心理学”的慕课，几万人学习，我有段时间热衷于浏览同学们对我课程的评价，因为评价好，我当然乐意看，这样就可以每天“飘飘然”。

但是，在大量的好评中夹杂着几个差评格外刺眼，比如：“晓文老师，你说好看的人顺风顺水，赢在了人生的起跑线上。那你长成这个样子，你的人生该怎么办呢？”

100 个好评，1 个差评，你却单单对差评记忆犹新。

“你做得很棒，这么短的时间保质保量完成了任务，但是如果你思虑得再周全一点就好了。”这句话你觉得重点在哪里？果真人生最怕是“但是”啊。

心理学结论：失去比同等程度的得到影响力更大。我们喜欢得到，但是我们更憎恨失去[63]。

2.5 个笑脸才能抵消一个哭脸

如果说代价比奖赏的力量强，想要维持我们的亲密关系，我们需要多少的奖赏才能抵抗代价呢？

据说心理学家有个神技能，观察一对夫妻吵架 5 分钟，就能准确预测他们是否会离婚。

你确定这是心理学不是玄学？那 5 分钟到底发生了什么？

真实的心理学实验是这样的：约翰・戈特曼和罗伯特・利文森，这两个心理学家观察了不同夫妻争论的情景，对伴侣在争论中的每一个行为进行编码。友善的、尊重的、善意的、和解的行为加 1 分，愤怒的、防卫的、轻蔑的行为减 1 分。

研究发现，夫妻之间分数越高，夫妻之间沟通谈话的时间越长，这些夫妻离婚的风险越低；夫妻之间分数越低，夫妻之间沟通谈话的时间越短，他们离婚的风险越高。

实验进一步发现，他们的正面交流和负面交流的比率大概维持在 5 ∶ 1 或者更高，才能保持满意的亲密关系。

也就是说，要保持我们的爱情银行收支平衡，每次存进去 5 块钱，只能取出来 1 块钱。

你得做五件让爱人开心的事，才能抵消你做一件让爱人伤心的事。

所以，当你尖刻、讽刺、轻蔑的话即将脱口而出的时候，请先掂量一下冲动的惩罚吧。

3. 追求奖赏和逃避代价，你是哪一种

有的人打牌会孤注一掷，甘冒风险，享受赢的乐趣和刺激。

有的人打牌会小心谨慎，宁可自己不和，也不让对方和，尽量规避风险。

亲密关系中同样也有这样的人。在处理亲密关系中，我们总是渴望获得更多的奖赏，逃避更多的代价。

当我们追求更多亲密关系中的愉悦和奖赏时，这个时候的动机叫作接近动机（approach motivation）。追求爱情是恋爱的重要动机，

我和你在一起心跳加速、兴奋不已。

当我们回避痛苦或者逃避代价的时候，此时的动机称作回避动机（avoidance motivation）。很多人不愿恋爱、不敢恋爱、害怕付出、害怕受伤。

很多人认为我们追求奖赏和回避代价是硬币的两面，其实不然，在亲密关系中，奖赏和代价完全是可以共存的。

例如，武侠小说《倚天屠龙记》中，金庸先生用 8 个字形容张无忌对周芷若和赵敏的感情，十分精妙：我对芷若是“又敬又怕”，我对赵敏是“又爱又恨”。

如果一个人让你又爱又恨，她温柔起来让你心跳破表，她冷酷起来让你咬牙切齿。这就是典型的奖赏与代价都高的关系。

根据两种动机的不同，亲密关系又可以分为以下四种类型。

第一种：充满快乐和风险的关系。接近动机高，回避动机低，即是高奖赏和高代价的关系。好的时候甜似蜜糖、坏的时候拔刀相向，这种关系是高危的，又是刺激的，两个人每天上演谍战剧、云霄飞车，玩的就是心跳。

第二种：充满快乐且安全的关系。接近动机高，回避动机高，即是高奖赏和低代价的关系。这种关系是丰盛的，是滋养人的，双方互相喜欢，且双方情绪稳定，三观一致，非常和谐。

第三种：奖赏少而代价高的关系。接近动机低，回避动机低，这种关系是痛苦的。两人一见面就争吵不断，相互挑刺，估计分手这件事随时就要提上日程。

第四种：安全且没有乐趣的关系。接近动机低，回避动机高，这种关系是沉闷的，两个人的关系没有流动、没有活力、死气沉沉、快要窒息。

综上所述，接近动机和回避动机组合在一起影响我们的情感体验，有时候爱情让人狂喜，但是充满担忧；有时候感情很安全，但是没有乐趣。只有两种动机都实现的时候，人们才会觉得又快乐、又安全，充满十足的幸福感[64]。

7.5

拓展：亲密关系中自尊的测量

心理学家默里和同事发明了一个量表用以研究亲密关系中的自尊。量表名称叫作：伴侣怎么看我。

高自尊的人相信自己的伴侣非常尊重自己，而低自尊的人则担心伴侣不够喜欢或尊重自己。你认为伴侣是怎样看待自己的呢？

对于下面列出的特质或属性，请你指出你认为你的伴侣如何看待你。例如，如果你认为伴侣对你“自信”上的评价是中等的，你就选“5”。请你填写下面的量表。把你选的数字填在每项特质或属性左边的空格里。

1	2	3	4	5	6	7	8	9
一点也不		有一些		中等程度		非常符合		完全符合

我的伴侣认为我

（　）亲切并富有爱心	（　）包容和接纳
（　）挑剔并喜欢评判	（　）粗心大意
（　）自信	（　）有耐心
（　）喜欢社交、外向	（　）理性
（　）聪明	（　）善解人意
（　）懒惰	（　）冷淡
（　）开朗活泼	（　）抱怨
（　）控制欲和支配欲	（　）多愁善感
（　）诙谐幽默	（　）幼稚

( ) 喜怒无常　　　　　　　　　　( ) 热情

比较好玩的是，你可以把此量表给你的爱人做，测一测“他眼中的你”和“你认为他眼中的你”有什么不同？然后来一次甜蜜的探索沟通吧。

如果差别不大，恭喜你们，你们两个已经达到了灵魂伴侣的阶段；如果差别很大，也不要担心，这会帮助你们更加深刻地了解自己。

第 8 章　爱情学分课

8.1
谁决定了我们的爱情学分

心理学关键词：

依恋

很多人迷信爱情是一场宿命。

要不为何有的人幸运得像开了挂，轻轻松松总能获得真爱。

要不为何有的人在爱情中长途跋涉，要不求而不得，要不得而复失。

如果认为爱情是一场宿命，那么这个宿命的名字应该叫作妈妈，我们的妈妈决定了我们的爱情学分。

1. 依恋解释妈妈和宝宝的关系

有段时间心理学家发了疯似的研究依恋（attachment），仿佛找到了江湖中失传的十全大补宝典，可以用它来解释所有的亲密关系。

发展心理学家约翰·鲍比是依恋界的创始人，他用依恋来解释宝宝和主要照料者（通常是母亲）之间的关系。如果说母爱是颗糖，我们来看看发糖与不发糖的区别。

一直给糖型：宝宝 A 饿了，他哇哇大哭，妈妈一直在身边 (nearby)，她们能够立刻赶来 (accessible)，抱紧宝宝，温柔抚摸宝宝，立刻满足宝宝的需要，给宝宝喂吃的、喂喝的，亲吻宝宝，跟宝宝温言细语 (attentive)。

这时，宝宝会打个饱嗝，在妈妈的怀抱里安稳地睡去。他边睡边微笑，顺便做了个美梦，这个世界多安全、多美好、多令人信赖啊。慢慢地，这些幸运的儿童就发展出了安全型（secure）依恋。他们对这个世界和他人充满信任，他们很容易与人轻松快乐地交往。

爱给不给型：宝宝 B 也饿了，他哇哇大哭，妈妈心情好的时候，就及时跑来给宝宝喂食；妈妈心情不好的时候却对宝宝不理不睬。

这时，宝宝 B 就会对妈妈产生焦虑、复杂的感情，他完全无法判断妈妈对自己是爱还是不爱，这个糖到底会不会来，他就会产生焦虑—矛盾型（anxious-resistant）依恋。他们对爱既充满渴望，又充满怀疑，紧张兮兮、过分依赖。

一直没糖型：宝宝 C 同样饿了，他哇哇大哭，妈妈要不压根儿就不在身边，要不直接一巴掌打上去说：“你哭什么哭，没看见我累得要死吗，每天在家服侍你们一家老小，你就不能给我省点心吗！”

这时，宝宝 C 很委屈，他觉得妈妈不爱他，妈妈靠不住，根本没有糖。他们会在人际关系上畏缩不前，表现出回避型（avoidant）依恋。他们对世界和他人不信任，很难建立亲密关系。

心理学家把宝宝 ABC 全部召唤到一起继续做实验，实验内容如下：先让妈妈和宝宝分开，观察宝宝的反应，再让妈妈回到宝宝身边，观察宝宝的反应。如图 8-1 所示。

安全型的宝宝 A：妈妈离开的时候他们表现出不开心，但是他们很快能平静下来，然后开始勇敢探索新的环境（Ainsworth et al.,1978）。他们愿意与陌生人沟通并表现出友善，等妈妈回来的时候，他们兴高采烈，飞一般地扑向妈妈，和妈妈温暖互动。这些孩子在人群中大概占比为 60%。

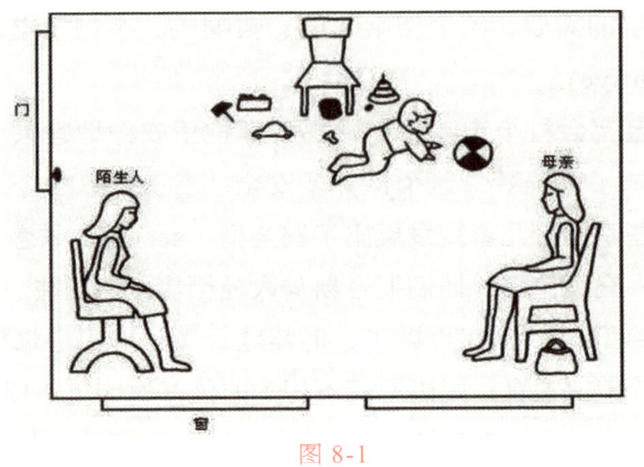

图 8-1

焦虑—矛盾型的宝宝 B：当妈妈离开时他们会表现得极度抓狂、崩溃，而当妈妈回来时，却不愿意立刻投入妈妈的怀抱。他们一方面想要得到妈妈的安抚，另一方面又想惩罚妈妈的离开。他们又焦虑、又矛盾、又别扭。这些孩子在人群中大概占比为 20%。

回避型的宝宝 C：当妈妈离开时，他们并没有表现出不高兴或有压力，当妈妈回来时，他们会主动回避和妈妈的接触，保持和妈妈的距离，有的会把注意力转向地面上的小东西，仿佛那些小东西比妈妈的吸引力更大。这些孩子在人群中大概占比为 20%。

2. 依恋解释成人后的人际关系

好了，精彩部分来了，当宝宝 ABC 长大成为大人 ABC，小时候的依恋类型对他们成人后的人际交往和亲密关系又有怎样的影响呢？

心理学研究结果震惊了世界：在成人的世界，幸运儿还是那 60%，不幸的人则是那剩下的 40%。

一项研究调查了美国的年轻人，大概有 60% 的人认为他们和别人相处轻松愉悦，他们很容易信赖他人，他们的亲密关系是安全又稳定的。这些人回忆自己的童年经历，他们大多拥有充满爱心的、温暖的、给孩子充分支持的父母。

剩下 40% 的人则焦虑又矛盾，他们要么把自己封闭起来，觉得自己建立一段亲密关系很困难；要么对恋人过分依赖，患得患失。这些不安全的人也认为他们的父母不负责任、不靠谱，让小小的他们体验了世态炎凉和人情冷漠。

我们儿时与父母的关系深刻地影响了我们长大后和朋友、爱人的关系。原来妈妈才是我们的第一手爱情牌。

3. 成人依恋的两个维度和四种类型

研究发现，成年人共有两个依恋维度和四种依恋类型（Bartholomew，1990）[65]，如图 8-2 所示。

图 8-2

如图所示：横坐标是逃避维度，纵坐标是焦虑维度。

类型 1：安全型依恋＝低逃避＋低焦虑。我渴望亲密，并且勇敢追寻，我不害怕失败。

成人安全型与儿童的安全型完全相同，具体表现为：

在感情上容易接近他人；

不管是依赖他人还是被他人依赖都感觉安心；

既不害怕独处，也不担心被人接纳。

案例：我和先生异地 5 年才走到一起，中间发生了很多事，如果没有彼此深刻地相互信任和理解沟通，简直不可想象。

类型 2：痴迷型依恋 = 低逃避 + 高焦虑。我渴望亲密，但是我总是忍不住会担心，我容易嫉妒，对感情十分依赖和贪婪。

成人痴迷型与宝宝的焦虑—矛盾型对应，具体表现为：

在亲密关系中容易投入一切感情；

对爱人过分依赖；

过分寻求认同，害怕关系破裂。

案例：今天又和他吵架了，我给他打电话他不接，我就一直打，一直打到他的手机没电。他回来质问我，说我不相信他，把他逼得发疯。请问我要怎样相信他？

类型 3：混乱型依恋 = 高逃避 + 高焦虑。我渴望幸福，但是我不愿主动，如果你追我追得太紧，我也想逃，如果你不追我，我又很生气。

成人恐惧型是儿童回避型的一种，具体表现为：

我渴望亲密关系；

我很难信任他人；

和他人变得太亲密会受到伤害。

案例：我的男友是很“难搞”的人，我对他一见钟情，因为他别扭的样子很像我以前读的爱情小说中的霸道总裁——爱你就欺负你。可是霸道总裁到了现实世界是一场噩梦，当我给他温暖的时候，他嫌烦；当我累了，想要停止付出的时候，他不爽，还出言讽刺我，你到底要哪样？我怀疑我是不是有受虐倾向啊！

类型 4：疏离型依恋 = 高逃避 + 低焦虑。爱情得不偿失，只要我不去爱别人，自然也不会受伤。

成人疏离型是儿童回避型的一种，具体表现为：

亲密关系得不偿失；

我不会依赖别人；

别人也别想依赖我。

案例：恋爱这种事劳民伤财，劳心费力，我还是凡事依靠自己好了。

来总结一下今天所学：两种依恋，两个数字。

两种依恋是宝宝依恋和成人依恋，宝宝的依恋类型能深刻影响成人的依恋类型，所以说我们的妈妈决定了我们的爱情学分。

两个数字，安全型依恋占60%，不安全型依恋占40%。很可惜，这是美国的数据。在其他国家，安全型依恋虽然比其他三种依恋更普遍，但并没有其他三种类型依恋的总人数多，也就是说，在世界的绝大部分地区，不安全依恋比安全依恋的人更多[66]。

想到一句歌词：直到现在才懂，为何世间情歌快乐的不多。

8.2

只要一颗糖，别说爱情苦

心理学关键词：

母爱三元素

安全型依恋的建立

如何当一个好妈妈？

如何培养出安全型依恋的宝宝？

如何给宝宝一颗糖，让他从童年时代一直香甜到老？

1. 母爱三元素

首先出场的是心理学家哈洛，他是心理学大牛，也是恒河猴高级玩家，他养了好多只恒河猴，做了好多心理学实验。

为什么用恒河猴做实验呢？因为恒河猴94%的基因和人类相同，它对外界刺激所作出的反应和人类非常相似，这项事实对恒河猴来说不知是幸运还是不幸。

哈洛的恒河猴实验很厉害也很残忍，所以哈洛一直处在广获赞誉和饱受争议的边缘。我们一起来看看，冰冷的恒河猴实验带给我们的温暖人生启示。

代母实验：铁丝妈妈和绒布妈妈

导演：哈洛

主演：恒河猴

助演：铁丝妈妈、绒布妈妈、装满奶的

奶瓶

场景：刚出生的小猴，睁开眼找不到妈妈，这时有两个选择，铁丝做的冷冰冰的“铁丝妈妈”和绒布做的暖乎乎的“绒布妈妈”，它会选择哪一个？

当然选“绒布妈妈”呀，多温暖啊！

好，那么如果“铁丝妈妈”有奶瓶，里面装了香喷喷的牛奶，“绒布妈妈”什么也没有，它会选哪一个呢？

我想它可能会选有奶瓶的，毕竟，有奶就是娘嘛。

实验结果如何呢？出人意料，所有参与实验的婴猴都选择了没有奶瓶的“绒布妈妈”。几乎在所有时间里，小猴都会紧紧抱在“绒布妈妈”身上，只有感到饥饿难耐时，才会跑到“铁丝妈妈”那里吃奶，但只要一吃饱，它就会迅速回到“绒布妈妈”怀里。有的小猴甚至饥肠辘辘也不愿爬过去，它们把身子挂在“绒布妈妈”身上，只把头探到“铁丝妈妈”那边吃奶。如图 8-3 所示。

图 8-3

实验结论 1：爱源于接触而非食物。

接触所带来的安慰和温暖，是母爱最重要的元素。

母爱的本质，绝对不是简单地满足孩子的饥饿和干渴的需求，它的核心是接触性关怀：拥抱、抚摸、亲昵。

哈洛说过："只有奶水，人类绝对活不久。"

所以，那些一出生就断奶，让孩子喝奶瓶，自己不愿意去拥抱宝宝和抚摸宝宝的妈妈，你们断的不是奶水，而是你们和孩子情感的链接和纽带，你们亲自收回了那颗糖。

结论 1 进一步扩展：我以为妻子要的是更加富裕的生活，所以，我在外面努力挣钱，却忘了去拥抱她、亲吻她、陪伴她。所以，我挣了很多钱，她还是离开了我。

哈洛进一步研究发现：不会动的"绒布妈妈"虽然能让小猴依恋，但是养育不出健康的小猴，如果"绒布妈妈"能轻轻晃动，甚至能和小猴喃喃细语，这样养育出来的小猴和真猴妈妈养的小猴就不会有太明显的区别。如图 8-4 所示。

图 8-4

1958 年，美国心理学会年会上，哈洛做了一个著名的演讲"母爱的本质"，提出实验结论 2：触摸、运动和玩耍，是母爱三个重要的因素。

为什么婴儿喜欢父母轻轻摇晃，唱着歌谣，哄他睡觉？

为什么婴儿喜欢有人逗他玩耍，陪他疯、陪他闹？

母爱很简单，触摸、运动、玩耍，三者合一就行。

2. 好妈妈的两个秘密

也许你会告诉我，我不仅想做个合格的妈妈，我还想做个好妈妈，我该怎么做？

约翰·鲍比进一步研究发现，依恋理论的核心关键在于“被依恋的那个人是不是在自己身边，容易找到的，对自己充满注意力的”。

你必须常常陪在孩子身边，他必须能很容易找到你。对孩子来讲，妈妈在身边和妈妈不在身边，感觉完全不一样。

你在陪他的时候，必须给他足够的注意力和回应。这就是现在被广泛提及的“高质量陪伴”，你全心全意陪伴孩子 1 个小时，胜过你待在他身边玩手机 10 个小时。

这两点叫作母爱的“可亲性”和“回应性”。此结论进一步扩展，我们在挑选长期关系的伴侣时，会认为那些总在我们身边、及时给予我们回应、给我们很多注意力、对我们的需求敏感的人更爱我们且更有吸引力。

孩子渴求父母，我们渴求爱人，渴求的内容是一样的。

哈洛继续实验，实验发现：恒河猴宝宝在出生后，一旦跟母亲分离超过 90 天，这种伤害就无法弥补，即使此后再跟母亲或其他伙伴相处，也很难建立亲密的关系。

对应地，哈洛提出，人类的宝宝在出生后的 6 个月里，是建立良好母爱的关键时期。这个时候如果妈妈狠心离开宝宝，那么，妈妈与宝宝之间那扇门就会关闭，这种关键期母爱的缺失会对孩子造成巨大的伤害，所以，人类的产假起码要有 6 个月。

所以，那些娃一出生便认为娃不懂事，没有记忆，不用亲自抚养照料而离开孩子的母亲，你们再一次收回了你珍贵的糖。

3. 如果我们小时候没有糖，依恋的类型能改变吗

我们在需要爱的时候，父母对我们是温暖地接纳还是冰冷地拒绝，严重影响了我们的依恋类型（Rohner & Khaleque，2010）。

甚至，怀孕时的快乐准妈妈与焦虑矛盾、心事重重的准妈妈相比，前者的孩子更可能具备安全型依恋（Miller et al.，2009）。安全型的妈妈因为情绪平稳，更可能成为周到体贴、充满爱心的照料者（Seluck et al.，2010），所以安全型的妈妈更可能有安全型的孩子，不安全型的妈妈往往也有不安全型的孩子（Holman et al.，2009）。

此时你可能会问我：怎么办，我的妈妈是不安全型，我根本没有得到那颗珍贵的糖，现在的我该怎么办呢？我的依恋类型有可能改变吗？我可以养出安全型的宝宝吗？

答案是肯定的。是的，你可以。

为什么爱被认为是人类最好的礼物，因为一段好的亲密关系会改变我们的安全感。

一次悲痛欲绝、刻骨铭心的背叛会让原本安全型的人变得不再感到安全。

一次如胶似漆、脱胎换骨的爱情也足以让回避亲密的你敞开心扉，重拾对他人的信赖[67]。

不过矛盾的是，尽管安全感可以被重新改写，但这个过程并不容易。也许，最可能帮你重拾安全感的途径是，找一个安全依恋类型的伴侣。但是，一个不安全型的人会觉得安全型的人沉闷、无趣、没有吸引力，而那些满嘴甜言蜜语、若即若离的“渣男”对其而言则充满魅力。

有时在亲密关系中，我们明明知道正确的路径，却义无反顾地选择了“困难”模式，是因为儿时的经历，还是因为对熟悉感的执着，或者我们潜意识选择用这种方式来表达对父母的忠诚：爸爸妈妈不幸福，我们也不可以幸福哦！

总的来说，我们最初的依恋模式会在整个一生中都对我们的亲密

关系产生影响。而且依恋模式一旦确定，就会稳定又持久，如果人生没有大起大落、高潮迭起的新经历，人们的依恋类型可以持续几十年[68]。

所以，如果你小时候就拥有了那颗珍贵的糖，恭喜你，你的亲密关系更可能是“容易”模式，感恩伟大的妈妈吧！

如果你没那么幸运，没能拥有那颗糖，你会选择用“困难”模式勇敢地迎接爱情的洗礼吗？期待你的答案。

8.3
一个人要像一支队伍

心理学关键词：

孤独

情感隔离

1. 情感隔离更孤独

小 A：最孤独的是进入大学后的第一个寒假，当时我爸已经去世，我妈刚改嫁，我姐已经嫁人，春节临近，其他同学都已经开始聊着回家后要做的事情，我却不知道家在哪里，感觉自己已经没有了家，像被世界抛弃了一样。

小 B：结婚后我感觉更孤独了，特别是和老公出了问题，以前有心里话可以告诉爸爸妈妈，现在结了婚，不想让父母担心，不能向他们倾诉。以前有很多好朋友，结婚后有了自己的生活，大家都疏远了，也没人可以倾诉。没在深夜痛哭过的人不足以谈人生，我真的是结婚后才感受到刻骨的孤独。

心理学家罗伯特·韦斯把社交隔离称作第一种孤独，把情感隔离称作第二种孤独，情感孤独是指我们因缺乏深厚的人际关系引起的孤独。

相对于社交隔离，情感隔离更难克服，这种孤独旷日持久，且影响深远。我们很可能身边围绕着亲人、爱人、朋友，却依然感到孤独。

2. 男人比女人更害怕孤独

总的来说，男人比女人更孤独[69]。或者更加准确的描述是，大老爷们儿式的“纯直男”在情感中会更加孤独。

经典问题：某晚你回到家，爱人或者恋人提出要离你而去，你会向谁寻求帮助？

几乎每个女性都能轻易说出几个好闺密的名字，但只有少数几个男性能做到这一点（Rubin，1986）。

原来，男人在婚姻里面其实更脆弱、更孤独。

有个心理学概念叫作自我表露。自我表露（self-disclosure）即个体对他人表达情感、想法与观点。也就是说，告诉另外一个人关于自己的信息，真诚地与他人分享自己个人想法和感受的过程。

还记得男女友谊的差别吗？“女人的友谊面对面，男人的友谊肩并肩”，女性的自我表露远多于男性。女性开放自我表露的对象有很多。

女性经常对男性开放自我表露：老公，我最近上班好不开心。

女性经常对女性开放自我表露：妞子，你说我该不该接受这份感情？

男性可以对女性（通常是妻子）开放自我表露：最近经常失眠，可能压力有点大。

可贵的是，因为女性对非语言表达的敏感性，可能丈夫还没有开放自我表露，妻子已经从丈夫紧锁的愁眉、经常的沉思中察觉到了丈夫的压力，女性还能反客为主：你最近有什么不开心吗？能告诉我吗？我很想知道。

“解语花”有多么珍贵，此处了解一下。

而男性可以对男人开放自我表露吗？

“哥们儿，我女朋友最近不太理我，我好烦恼……”这恐怕不是男人与男人之间聊天的正确打开方式。

综上所述，在感情的温暖和亲密方面，男性依赖女性要多于女性依赖男性。男人都是一匹孤独的狼。孤狼需要找到同伴，才会生存得更好，男人生命里需要一个女人证明他不孤单。男性对婚姻的依赖其实远高于女性。

有句话说："男人离婚后死得早，女人离婚后活得长。"

我们试想一下，如果男性连对妻子开放自我表露的渠道都关上，你们想想后果。

第一，压力巨大。

第二，找别人开放自我表露。如果家里没有人听我说话，我就去外面寻找安慰。

与自我表露相关的是一个重要人格特质，叫作表达性特质。表达性特质使人变得热情、亲切、敏感。女人往往拥有高的表达性特质，她们会感觉到更少的孤独。

但是有一部分男性（约有三分之一），他们进化得更加完全，他们的表达性特质和女性一样高[70]，这让他们不那么需要依赖女性来抵御孤独。

3. 孤独促使我们去寻找更有意义的链接

孤独是一种负面的情绪体验，但是心理学家认为孤独也是一种有效的"社交痛处"。孤独是你的心发出的信号，提醒你需要寻找好的、更有意义的链接。

有个沉重的话题，我们很多人都会面对终极恐惧——"孤独终老"。

如果年轻的时候，单身还有理想色彩，象征着更加自由的一种生活状态，但是到了老年以后呢?

一方面，孤独对老年人的整体幸福感损害非常明显。有个朋友说："越是老就越害怕孤独，就越要生活在大城市，住在最热闹的小区，看最热闹的人。每天搬个小板凳坐在菜市场看熙熙攘攘的人群就觉得好快乐。”

另一方面，“孤独死”已经成为社会现象。“空荡荡的房间里，空巢老人独自死去，几天甚至是几个月才会被人发现。”这样的现象在日本被称为“孤独死”。据悉，每年有近3万日本老人悄无声息死在家中，不可回避地，“孤独死”成为一种逐年增加的社会现实。

我在讲脱单那一章的时候，很多人给我留言提问:“一个人不好吗？打游戏不好玩吗？恋爱好麻烦，多耗费金钱和精力啊！友谊是很好，可是要小心翼翼地维护也很累呀。”

对啊，美好的事物都需要花大量的时间、精力、金钱小心呵护。但是，不管你选择什么，既要接受它带给你的美好，也应承受它带给你的苦恼。

你享受恋爱、结婚，两个人的快乐，必然也该承担它所带来的麻烦与痛苦；你享受一个人的自由自在、无拘无束，也该承受自由自在后的老无所依。

“年少的时候，我觉得孤单是很酷的一件事。长大以后，我觉得孤单是很凄凉的一件事。”

“如能忘掉渴望，岁月长，衣衫薄。”岁月这么漫长，你难道不渴望有个知己伴侣在身边知冷知热、嘘寒问暖、给你添衣？

与这样的知己伴侣比起来，包容退让、奉献付出，又能算得上什么呢？

用作家刘瑜的话来收尾吧，人生若有知己相伴固然妙不可言，但那可遇而不可求，真的，也许既不可遇又不可求，可求的只有你自己，你要俯下身去，朝着幽暗深处的自己伸出手去。

如果没有知己相伴，那就自己给自己添衣，自己把自己照顾好。一个人的时候，要活得一个人像一支队伍。然后，去寻找另一支队伍。

期待你们两支友军，早日会合。

8.4 爱情是宿命还是成长

心理学关键词：

交换关系和共有关系

宿命论和成长论

“把一块泥，捏一个你，塑一个我。将两个一起打破，用水调和。再捏一个你，再塑一个我。我泥中有你，你泥中有我，我与你生同一个衾，死同一个椁。”

1. 交换关系和共有关系

在“爱情经济学”一章里，我们把爱情描述为一种交换关系，爱情就是我想要的，你刚好有而已。

其实，爱情的可贵之处在于，它远远不只是一种交换关系，交换关系层次很浅，你给我一分，我报你一分。

生活中如果一个朋友跟你算得太清楚、太分明，你的每分付出，他都立刻、即时、分毫不差地回报。此刻，你可能会对你们的关系感到索然无味，非常疏远。所以，爱情应该是一种更珍贵、更高端、更加难以取代的关系。

亲密关系常常表现为一种共有关系（communal relationship）。在共有关系中，伴侣特别关注对方的幸福，彼此不期望任何回报地支持和关照对方[71]。

所以，当你们处于共有关系中，你们不会严格去计算自己的得失和代价，也不会热切盼望自己的付出能立刻得到回报。

如果能帮到你，我会比帮到自己还开心。

我愿意为你的幸福而努力。

把我的面包分你一半，就算是饿肚子，内心也格外香甜。

研究发现，处于共有关系中，人享受的是更高质量的亲密关系（Clark & Grote，1998）。

确实是这样，人们更喜欢、更愿意追求并拥有这样的亲密关系，计较不那么多，算得不那么清楚，吃亏又怎么样，我享受了这种感觉，这才是爱情啊。

有人提出意见，其实共有关系也是一种交换关系啊，只是交换得更隐秘而已。

在交换关系中，我为你做了很多事，希望你也能为我做很多事，否则我的心里会失衡，我希望我得到的利益配得上我的付出。

在共有关系中，我为你做了很多事，希望你能回我以微微一笑，哇，这种“交换”也太浪漫了！

伴侣之间如果是交换关系，当他们结婚后，他们会更不满意。因为总有“分赃不均”的时候。如果伴侣是共有关系，当他们结婚后，他们会更满意。

注意，在亲密关系中，这两种关系是可能互相转化的。当我们相亲相爱的时候，我们能够享受到“盈余经济”，我们双方都很舒服，没有必要去计算奖赏和代价。你不会去想最近他为我做了什么？你甚至在想要是我能为他多做一点就更好了。

但是，当我们的关系变得糟糕的时候，即使是曾经共有关系的伴侣可能也会开始斤斤计较[72]：为什么洗碗的总是我？为什么给孩子辅导作业的总是我？凭什么！

2. 爱情观：宿命论 PK 成长论

A 观点：爱情是一场宿命，我要么拿了一手坏牌，要么拿了一手好牌，要不全然地好，要不全然地糟糕。得之我幸，失之我命。

B 观点：爱情需要培养，爱情需要磨合，亲密关系需要不断努力，共同成长。

你更赞同哪一个观点？

如果你是宿命论的粉丝，你的爱情图示（schemas）是这样的：美好的姻缘天注定，我们的爱情是完美的，真爱可以克服一切障碍。

这听上去不错，很像浪漫小说中的情节，但是拥有这些爱情信念会让你在亲密关系中受挫，让你对亲密关系永不满足[73]。

你可能会出现这样的想法：美好的姻缘天注定，所以无须努力，夫妻要不气味相投、开心到老，要不格格不入、争吵一生；我们的爱情是完美的，争吵会破坏我们的爱情，他居然和我吵架，他肯定不够爱我，真正相爱的人不会吵架。真爱可以克服一切障碍，所以伴侣一定有“读心术”，他应该知道我的一切想法，如果他不知道说明他不够爱我。

这些关于关系的信念心理学家称为宿命信念（destiny belief），宿命信念的问题在哪儿？

宿命信念认为爱情是僵化的，是不可改变的，当爱情出现问题时，他们不会设法去解决问题，而只会逃避问题（Franiuk et al., 2002）。你得到了一个 80 分的爱情，时间流逝，激情消退，你觉得爱情变成 60 分，你就会充满失望地说，你变了，你不再是我以前爱的那个人。我错了，我当初看错了你。

与此对应的另外一种爱情观叫作成长信念（growth belief）。它假定幸福的亲密关系是辛勤维护的结果（Knee & Bush, 2008），它的基本观点是：只要努力付出，几乎任何亲密关系都能取得成功。

在面对爱情的时候，不同的关系信念会引起不同的结果。

当激情消退的时候，持成长信念的人会更忠于自己的亲密关系，对亲密关系的前途更乐观。成长型的人会对伴侣更加宽容平和，他们更能接受伴侣和自己约会的时候偷瞄斜前方身材火辣的女郎。

如果问拥有成长信念的人心中完美的爱情是什么样的，他的回答是可以有不完美。

但是成长信念全是优点吗？

心理学家认为，拥有成长信念的人虽然有更大概率获得长久、稳定的关系，但是他们一味地相信矛盾可以解决，伴侣可以成长，这也可能让他们陷入一段“有毒”的关系中无法脱身。

例如，太相信亲密关系中“努力”的作用，太迷信人定胜天，“老夫要逆天改命”，太坚信一个对自己很差、劣迹斑斑的伴侣会改变，或是对一段糟糕透顶的关系盲目乐观。

朋友小 B 就是典型的盲目乐观的成长型人格，他曾经大言不惭地告诉我们，女孩性格好不重要，三观一致不重要，漂亮最重要。只要一个女孩结婚了，性格就会变好。这真是谜一样的自信啊。

然后他找了一个与他三观彻头彻尾不合的漂亮姑娘结婚，然后……你觉得呢？

3. 我们的爱情观

调查发现，美国人离婚最重要的原因是他们普遍抱怨爱情的魔力消失了，其实他们把爱情和激情混为一谈，只是激情的魔力消失了。在宿命论者眼里，爱情就是盛放至极的花，开到最美最艳的时候只能衰败凋零。

成长论者对爱情更乐观，觉得浪漫之爱在漫长的婚姻中演化成相伴之爱也是极好的。他们认为，当人们开始相爱到人们结婚后 10 年，爱情的成分一定不一样，随着我们相处的时间越来越长，激情消退，但是亲密和承诺都会变强[74]。成长论者把爱情看作一棵小芽，经过双方的共同努力、精心呵护，小芽会慢慢长大，最后长成参天大树。

我们到底应该拥有什么样的爱情观呢？也许“三分天注定，七分靠打拼”这句歌词给了我们绝佳的建议，晓文爱情观 = 三分宿命 + 七分成长。

像浪漫之爱那样去寻找适合你的爱人，像相伴之爱那样去经营爱情。当激情褪去，爱情并没有消失，只是换了另外一种方式长久地陪伴在你身边，浪漫之爱和相伴之爱没有高下之分，一种充满激情，让人兴奋快乐；一种充满温馨，让人安心惬意。

两者，可都是爱情啊。

8.5
拓展：成人依恋的测量

1. 修订版成人依恋量表（AAS）

请阅读下列语句并衡量你对情感关系的感受程度。请考虑你的所有关系（过去的和现在的），并回答你在这些关系中通常的感受。如果你从来没有卷入情感关系中，请按你认为的“你的感受是怎样的”来回答。

请在量表的每题之后的空白处写下与你的感受一致的数字 1 ～ 5。

1——完全不符合

2——较不符合

3——不能确定

4——比较符合

5——完全符合

（1）我发现与人亲近比较容易。 ______

（2）我发现要我去依赖别人很困难。 ______

（3）我时常担心伴侣并不真心爱我。 ______

（4）我发现别人并不愿像我希望的那样亲近我。 ______

（5）能依赖别人让我感到很舒服。 ______

（6）我不在乎别人太亲近我。 ______

（7）我发现当我需要别人帮助时没人会帮我。 ______

（8）和别人亲近使我感到有些不舒服。 ______

（9）我时常担心伴侣不想和我在一起。 ______

（10）当我对别人表达我的情感时，我害怕他们与我的感觉会不一样。 ______

（11）我时常怀疑伴侣是否真正关心我。 ______

（12）我对别人建立亲密的关系感到很舒服。 ______

（13）当有人在情感上太亲近我时，我感到不舒服。 ______

（14）我知道当我需要别人帮助时，总有人会帮我。 ______

（15）我想与人亲近，但担心自己会受到伤害。 ______

（16）我发现我很难完全信赖别人。 ______

（17）伴侣想要我在情感上更亲近一些，这常使我感到不舒服。 ______

（18）我不能肯定在我需要时，总找得到可以依赖的人。 ______

2. 量表评分标准

本量表包括 3 个分量表，分别是亲近、依赖和焦虑分量表，每个分量表由 6 个条目组成，共 18 个条目。

本量表采用五级评分法，填几就得几分。

其中，2、7、8、13、16、17、18 题为反向计分条目，在评分时需进行反向计分转换。

先计算 3 个分量表的平均分数，再将亲近和依赖合并，产生 1 个亲近依赖复合维度。

亲近分量表 1，6，8，12，13，17

依赖分量表 2，5，7，14，16，18

焦虑分量表 3，4，9，10，11，15

亲近依赖复合维度计算方法：亲近依赖均分 =（亲近分量表总分 + 依赖分量表总分）÷12

3. 依恋类型的划分

安全型：亲近依赖均分 >3，且焦虑均分 <3

痴迷型：亲近依赖均分 >3，且焦虑均分 >3

疏离型：亲近依赖均分 <3，且焦虑均分 <3

恐惧型：亲近依赖均分 <3，且焦虑均分 >3

巴塞洛缪认为，成人有四种依恋类型，分别是安全型、痴迷型、恐惧型和疏离型，通过这个测量，你可以测出你的依恋类型是哪种类型，分布在哪个象限。

你是在害怕、回避亲密还是在忧虑和担心被弃，这和你对自己的判断一致吗？

第 9 章　失恋综合征

9.1
失恋是一种病

心理学关键词：

心碎综合征

自我同一性

分手策略

张震岳告诉我们，思念是一种病。

我来告诉你们，失恋也是一种病。

1．“心碎综合征”

病名：心碎综合征，又称暂时性左心室心尖气球综合征。

患者主诉：失恋了，我百般挽回，她还是头也不回地走了，那一刻，我感觉心都碎了。回家后，我大病了一场，高烧不退，在家足足躺了一周才爬起来，拉开窗帘看见刺眼阳光的那一刻，我知道我勉强活了过来。

临床表现：患者一般会出现胸痛、憋气、呼吸短促等类似心脏病的症状。

病因病理：当人经历重大打击时，如失去亲人或者失恋，会产生极度哀伤或疼痛的感觉。患者心脏通常没有明显的器质性病变，但是痛起来的感觉就像心真的碎了一样。注意，如果“心碎”症状持续不能缓解，应尽早到医院就诊，血管持续痉挛可能造成心脏骤停而猝死。

治疗方案：建议病症初发阶段卧床休

养，可以考虑哭泣治疗、倾诉治疗、陪伴治疗。

药方：时间、睡眠、工作以及另一个让你心动的家伙。

请注意：通常“另一个让你心动的家伙”不建议立即使用，研究发现，如果失恋后为了逃避痛苦立即投入下一段感情，往往下一段感情也很难有好的结果。

2. 为什么失恋这么痛

“我爱你，不是因为你的样子，而是因为和你在一起时，我的样子。”

我们讲过“自我延伸模型”，爱情会让我们发现以前没有发现过的自己，爱情让我们自我延伸，成长为我们更喜欢的模样。

我因为你变成了更好的自己，现在你却告诉我你要离开这么好的我。

失恋会严重破坏一个人的“自我同一性”。自我同一性是心理学中的一个重要概念，由著名心理学家埃里克森（1968）提出。

自我同一性是指一个人的需要、情感、能力、目标、价值观等特质整合为统一的人格。

自我同一性有两个要点，“同”和“一”。“同”是指“自我认同”。我是谁？我来自何方，去向何处？我要保持自我还是向社会妥协？埃里克森认为，自我同一性的建立是青年的重要人生任务，自我认同的形成，是我们作出很多人生重要选择的基础[75]。

“一”是指人格的稳定和一致。我对自己的看法是稳定的，我不会因为今天有人对我高看一眼就飘飘然，也不会因为有人贬低了我，就立刻全然否定自己。

当你建立自我同一性，你会目标清晰、积极充实、干劲十足。

当你缺乏自我同一性，你会目标丧失、空虚、寂寞、无聊。

心理学家玛西亚发现，仅有20%的人在18岁时就形成了自我认同，他们是人群中的佼佼者。绝大部分人要到24岁以后才慢慢形成一种比较稳定的自我认知，并找到未来的方向（Shaffer & Kipp，2013）。

18 ～ 25 岁这个年龄段最可能发生什么？

升学、考研、第一份工作、友情、恋爱、失恋……这些关键的事和人会塑造我们的人格，也会损伤我们的人格。

我们就是在不断的选择和尝试中，逐渐找到自己，厘清自己和他人、自己和世界的关系。我们恋爱了，我们觉得自己会爱人和被爱，真好，这是自我认可的开始。我们失恋了，我们觉得原来自己没有那么可爱，我可能并不具备爱人的能力。

失恋是对自我同一性的动摇和挑战，它把你努力搭建的自我堡垒从内部攻破，让你陷入长时间的失落、空虚和痛苦中。

3. 你是被“分手”了吗

心理学家发现，在大部分的时候（约 67%），双方中只有一方想要结束亲密关系。

很多亲密关系的苦恼都来源于两个人感情的不同步。

我想开始的时候，你把我当哥们儿；你已经转身离开，我还留在原地。

如果我是被抛下的那一个，我会反复地问自己，是我不够好吗？做什么才能挽回我们之间的感情？我们明明很相爱，怎么会变成现在这样呢？

如果你是那个先转身的人，当你要结束关系的时候，你会怎样表达？是直截了当、有话直说，还是拖泥带水，不愿意先做爱情中的叛徒？你会在分手中更加注重保护对方的感情，还是自私地先考虑自己？

我们来看看分手中的直接策略（公开策略）、间接策略（关系降级策略、不告而别策略）以及“高尚策略”（积极口吻策略）和“自私策略”（操纵策略）（Baxter，1984）。

A. 公开策略（openness strategy）

“我们分手吧。”

“我觉得我们不适合在一起。”

“我觉得我们分开可能对彼此是件好事。”

这是典型的直接策略，单刀直入，长痛不如短痛，看上去特别冷酷无情，却是一种不坏的策略。但是其实很少人会采用这种策略，因为说分手对绝大部分人来讲都是难题，人们往往不忍心开口，或者不愿意表达得如此强势。很多人分手电话打了几个小时还是无法挂断，也有人分手后三个月还是藕断丝连。通常处于亲密关系高级阶段的伴侣往往会选择这种策略，他们彼此深入了解，对伴侣有更多的自我表露，他们说分手的时候已经经过深思熟虑，基本很难动摇他们的决定。

B. 关系降级策略（de-escalation）

和消费降级一样，以前你每个月都要花2万块钱在各大商场买买买，十分豪爽，但是现在经济寒冬，你什么都不买会难受，这个时候商家就会用一些消费降级策略来吸引你，消费降级，美好加倍哦。

在分手这个敏感时刻，相对于单刀直入的直截了当，更多的分手者会选择一些更加缓和的方式说分手，例如：“我们先冷静一下。”“要不我们先做朋友吧。”“我们先分开一段时间可能对大家都好一些。”

他是真的希望关系冷一冷吗？还是希望关系冷了以后他能够不用说分手，不用承受道德压力就能结束这段关系？

这种分手策略表面和缓，虽然是“好心分手”但是给了被分手者希望，“钝刀子割肉”有时候更痛。

C. 积极口吻策略（positive tone/self blame strategy）

“你一定很难过吧？”

“你太好了，是我配不上你。”

“是我的错，你打我骂我都行。”

使用积极口吻策略的分手者，会在分手过程中表现得非常照顾对方情绪。他们把自己摆在特别低的位置，避免双方的冲突和伤害(Banks et al.，1987 ）。

我都哭得这么伤心了，你总不会再责备我吧；我都跪下了，你总不好意思再打我吧。那么，被发“好人卡”的你，此时感觉又如何呢？

D. 不告而别策略（ghosting，or avoidance/withdrawal strategy ）

这是典型的间接策略，也是一种真正的“被分手”。

一个月没和男朋友联系，发微信给对方发现自己被拉黑了。电话打不通，去他家发现人去楼空。然后他从此消失在茫茫人海，人间蒸发一般。你不禁自我怀疑，和我恋爱的人是否真实存在。

这种分手方式毫无责任感，会让被分手者长期处于自我怀疑中，不仅怀疑自己，而且还怀疑人生。

我想问一问分手者，你都有勇气谈恋爱了，却没有勇气说分手吗？

E. 操纵策略（manipulation strategy ）

这是最自私最“渣”的分手策略。

来访者小 A，她的老公称作 B。

B 在外长期有婚外情，瞒着小 A，B 想离婚，但是不想背“渣男”的锅。他的计策有二。

其一，对外长期宣传婚姻不幸。广泛宣称小 A 不贤惠、不孝顺，充分做好舆论引导。

其二，对内采用冷暴力，贬低和打压小 A，让小 A 相信他们两个的婚姻不幸都是小 A 的错，最终迫使小 A 主动提出离婚。

明明是 B 的错，B 通过操纵变成 A 的错，分手见人品，祝愿 B 和他的新婚妻子百年好合。

恋爱有多美，失恋就有多伤。但是爱情带来的无论是美丽还是伤痛，最终会让我们从沙砾变成一颗闪闪发光的珍珠。

9.2
得不到已失去，总是最登对

心理学关键词：

未完成情结

罗密欧与朱丽叶效应

问题：为何我们对前任总会念念不忘？

1. 为什么我们忘不了前任

A. 大脑推波助澜

心理学家经常当“坏人”，他们经常做一些“变态”的实验，例如，他找了一群分手了但还爱着对方的可怜人，让他们观看前任的照片，并用核磁共振机（FMRI）扫描记录他们大脑中的反应。

实验发现：当人们回想前任时，大脑中的奖赏部分被激活，释放多巴胺，感觉到快乐和兴奋（Fisher et al.，2010）。当人们想起自己被迫分手的过程，大脑疼痛部分被激活并感觉到痛苦（Kross et al.，2011）。

怪不得很多人在分手后还经常在社交媒体上偷看前任的动态和照片，一边怀念一边自虐，又痛又快乐，痛并快乐着，徘徊在爱与痛的边缘。

这种感觉很容易上瘾，它常常会促使我们不顾一切做出一些冒险的傻事，如“在大雨中痴心等待归家的前任，最后前任没等到，肺炎住院三月”；“大醉的夜晚去敲前任的门，敲了一整夜，前任没见到，见到了 110” 等。

B. 回忆带滤镜

我们的记忆总是竭力为我们服务。

心理学家发现，失恋之后人会在一段时间内无法分辨自己内心所想象的前任和真实的前任之间的区别。而这些想象往往又是由你与前任最美好的回忆以及内心的愿望所构成（Braucher，2013）。

当我们越是忘不了一个人的时候，我们就越容易回忆以往美好的岁月，甚至不断地给回忆加滤镜，让它更美好。

例如，你会不断想起你们第一次约会的小酒馆，温馨浪漫，你们一见如故。事实上那家店根本不好吃，而且不怎么卫生，你吃完后肚子一直不舒服却在努力忍住不放屁。

例如，你会不断想起初吻的冬夜，好甜蜜！事实上你可能因为太紧张咬到了对方的舌头。

这些美好的想象会在失恋之后安慰你。你想象着前任一直没有离开你，一直在看着你，一直陪伴着你，一直在等着你。

其实，那个人早已消失在人海。

C. 熟悉感作祟

重复地、不断地接触、熟悉一个人会让我们对他更喜欢，这个叫作“曝光效应”[76]，也叫作“衣不如新，人不如旧”。

很多人吃了一辈子山珍海味却还是忘不了家乡的那碗藕汤。

“故乡”“故土”“故人”，这些词为什么这么打动人心，这就是熟悉感的魔力。

为什么分手那么难？你和一个人待久了，那个人就是你的舒适区和熟悉区。

自从我爱过你，从此以后我爱过的每个人都像你。

2. 未完成情结

“她结婚了，你知道吗？”

“我早把她忘了。”

“我还没说是谁。”

为何人总忘不了初恋？也许“契可尼效应”能给你答案。

心理学家契可尼研究发现：我们对已经完成的、有结果的事很容易忘掉，对被迫中断的、无法完成的事却记忆犹新，甚至刻骨铭心。

初恋多半无疾而终。初恋往往是我们付出最多情感，又因为不得已的理由，最终无法在一起的感情。这些戛然而止、被外力强行中断的情感和经历，会在我们心里留下一个缺口，我们以后一旦有机会，就希望去弥补、去完成。所以“契可尼效应”又叫作“未完成情结”。

张爱玲说过类似的话：娶了红玫瑰，久而久之，红的变成了墙上的一抹蚊子血，白的还是“床前明月光”；娶了白玫瑰，白的便是衣服上沾的一粒饭粘子，红的却是心口上一颗朱砂痣。

我们喜欢得不到的人，也怀念我们已经失去的人。

我们会无数次地想：如果……就好了，要是……会不会结局不一样……

心理学也有著名的“罗密欧与朱丽叶效应”，即父母越是干涉他们的交往，他们越彼此相爱。越是阻挠重重，越是爱火熊熊，得不到的永远在骚动。当我们面临失去的威胁时，我们可能会更想得到。

3. 分手后还能做朋友吗

很多人问我，分手后还能做朋友吗？

我的回答是：你是有多缺朋友？

很多恋人坚信虽然他们分手了，但是他们曾经都是彼此生活中不可或缺的一部分，所以他们想要继续成为朋友。

但是实际情况如何呢?

尽管大部分人都有分手后做朋友的美好预期，但是他们会发现全世界都在阻碍他们继续成为朋友（Kellas et al.，2008）。

首先，分手的过程也许就不那么愉快，总有先提出分手和态度更坚决的那个人；分手之后，可能有一方还是放不下，还是不甘心，还是力图复合，另一方不堪其扰，只好中断联系；也有分手后一方很快另结新欢，这让另一方情何以堪：当我还在为我们的感情“守丧”，你却欢欢喜喜“娶新人”了！这无疑又是一重打击和背叛。

确实，极少数人分手后还能保持友谊，当然这也可能是多年以后，双方都看淡了，相逢一笑泯恩仇。

如果分手后连朋友都没得做，心里空落落的怎么办?

失恋很痛，但不会一直很痛，这种感觉不会永远持续。

心理学家研究发现，当恋人分手后，他们会感觉到痛苦和愤怒，但是这些负面情绪随着时间的推移变得越来越不强烈，分手 1 个月后，他们更加疏离了过去的亲密关系并且重新振作（Sbarra & Emery，2005）。这也就是所谓的“失恋 33 天”。

当然，失恋也是因人而异的，有的人很长情，有的人很健忘。你们猜猜，是男人更容易从失恋的痛苦中走出来，还是女人更容易在失败后重新振作呢?

此处推荐一个超级实用的对抗失恋的方法，叫作写日记。是的，你没有看错，就是这么简单。

用日记记录我们逝去的故事会让我们拥有表达和梳理感情的机会，帮我们察觉生活中哪些事情更有意义，让我们用另一种角度看待自己。我们的日记内容越完整，细节越丰富，我们可能会更快地适应新生活（Kellas & Manusov，2003）。写日记不仅能让我们的回忆更完整，还能增强我们的幸福感和同理心[77]。

日记真有这么大作用？如果你此时正处于失恋状态，不妨放下手机，打开日记本，开始写下自己的第一篇失恋日记吧。

9.3

我们都没错，只是不适合

心理学关键词：

离婚理由

离婚模型

我们结婚的时候总想着白头到老，携手一生。但是就美国2010年的数据而言，夫妻中每结婚两对就会离婚一对[78]。而我们的魔都上海不愧为国际化大都市，在2017年，离婚率迎头赶上了美国。

也就是说，无论我们多么希望婚姻能长久，但是婚姻成功的概率居然和掷硬币一样随意，一半一半。

1. 离婚的理由

A. 对婚姻要求更多的公平

我们前所未有地希望婚姻中付出和收获一样多。

一项调查显示，随着越来越多的女性进入工作岗位，她们和丈夫一样承担着家庭的重任，她们在家务和育儿上也希望丈夫能分担更多。事实上，许多夫妻正在公平地分担家庭责任（Amato et al.，2007）。女性开始走向社会，开始事业、家庭两手抓，这要求男性必须回归家庭，同样兼顾事业和家庭。

有个关于做家务的多少和婚姻满意度之

间关系的调查，结果如下。

妻子做家务，丈夫不做家务，妻子不满意，丈夫满意。

妻子做大部分家务，丈夫做一点点家务，妻子不满意，丈夫满意。

妻子做一点点家务，丈夫做大部分家务，妻子满意，丈夫不满意。

总有一方不满意，怎么办呢？

妻子做一半家务，丈夫做一半家务，妻子满意，丈夫也满意。越公平，越满意，越幸福。

B. 女性赚得越多，离婚率越高

在全世界，当女性在经济上独立，不用依附于男性时，离婚率会更高（Barber，2003）。

这并不代表女性有钱就会离婚，而是指当女性拥有了独立的经济能力，她起码能选择离开一段糟糕的婚姻。

离婚率增高并不代表婚姻越来越糟糕，以前离婚率低也并不代表没有糟糕的婚姻。

我以前读过一个有关中国自杀情况调查的报告，报告显示过去几十年，中国自杀率最高的人群是农村妇女，她们缺乏经济收入，完全依附于丈夫生存，一旦婚姻不可忍受，她们唯一的选择就是喝下农药一了百了。

随着经济的发展，大批农村人口去城市打工，中国妇女的自杀率急速下降。为什么？农村妇女的选择变多了，当她们婚姻出现状况，如遭受家暴等，她们可以选择去城市，无论是改嫁还是赚钱，她们拥有了更多的人生选择。

赚钱更多可能会导致婚姻破碎。但是贫穷对婚姻有更大的损害。一般而言，收入低夫妻的婚姻满意度远远比不上收入高的夫妻。生活中任何需要花钱的鸡毛蒜皮都会成为夫妻关系恶化的导火索。

比如，为什么是我辛辛苦苦做家务，你在旁边做甩手掌柜？（有钱请钟点工就可以解决此矛盾。）

你知道我起早贪黑赚一点钱有多么辛苦，你还不省着点用？（因为赚钱辛苦，所以花钱是罪。）

要不是我们没有钱请保姆，我怎么会让你妈过来帮忙，每天看她的脸色？（说来说去，还是钱、钱、钱。）

研究发现，收入非常低的夫妻（每年2.5万美元以下）与收入较高的夫妻（每年5万美元以上）相比，前者的离婚率是后者的两倍（Wilcox & Marquardt，2010）。

所以在婚姻中，钱多了可能不行，没钱却万万不行。

C. 对伴侣要求变高，离婚约束变小

我们更多的人因为爱情走入婚姻，我们希望和爱人的激情永不减退，我们希望伴侣是我们最亲密、最深厚、最重要的人，他们不仅是我们的爱人，也是我们最好的朋友和永远的支持者。

这要求是不是高得有点过分？

一旦伴侣不能满足我们的条件，我们就感觉失望、沮丧、懊恼，甚至可能想到离婚。

随着更多的年轻人选择留在大城市，我们开始缺乏熟人之间的纽带、社区之间的牵连、亲戚之间的维系，我们由熟人社会进入生人社会。那些在家乡邻里间的规范是阻碍离婚的重要因素，随着我们背井离乡，这种规范的影响力越来越小。

以前在十八线小县城里，每个人都是拐着弯的亲戚朋友，劈个腿、离个婚要受千夫所指，父母在外面会被人指指点点、抬不起头。现在生活在大城市，关上门谁也不认识谁，结不结婚、离不离婚没人知道，也没人关心。

2. 离婚的模型

为什么有些婚姻成功得让人羡慕，有些婚姻却失败得让人沮丧呢？

哪些因素起了重要作用？我们一起来认识离婚的模型。

A. 障碍模型

心理学家乔治·莱文杰认为影响关系破裂有以下重要因素。

吸引力：爱情的魔力消失了，我和你在一起再也感受不到脸红心跳，更多的是争吵不休，我们在亲密关系中奖赏变少，代价增大。

替代选择：替代选择是衡量一段关系是否长久的重要原因。

那么，当我们之间吸引力降低，有了更好的替代选择，为什么有的人还是没有结束亲密关系呢？

亲密关系中有很多保护伞，平日它们隐藏在水下不被我们觉察，一旦亲密关系面临解体，它们就会浮出水面，比如维系婚姻的法律、社会压力、亲友舆论、双方父母的阻碍、孩子的怨恨不解以及独自抚养孩子的压力和困难等，这些都是离婚的障碍。

电视剧《离婚律师》有个情节令我印象深刻。一个富豪中年发迹，和一个年轻姑娘爱得死去活来，鬼迷心窍地坚决要求和原配离婚。原配说离婚可以，不过结婚有结婚仪式，要求离婚也办一场离婚仪式。

离婚仪式上，双方所有亲友到场，共同见证两个人感情的破裂。

原配发言，她没有痛陈丈夫的变心史，而是从他们两个结婚第一年开始，回忆两个人共同的人生经历。一起面对生活的风雨，丈夫父亲病重，丈夫在外创业，妻子独挑“上有老、下有小”的家庭重任；一起创业的艰难，创业失意时的互相鼓劲，挖到第一桶金时的喜悦共享。

回忆完毕，全场鸦雀无声。离婚很多时候被视作对婚姻的“背叛”，背叛的不只是两个人之间的感情，还有一同经历的岁月。

一个年轻漂亮的替代选择唾手可得，但是一份真挚的革命情谊世间难寻。电视剧里富豪最终选择回归家庭，是良心发现还是障碍太多，大家可以自行体味。

B. 脆弱—应激—适应模型

心理学家本杰明·卡尼提出了不稳定婚姻的一般模型，强调了三个导致离婚的因素[79]。

每个人进入婚姻都带着原生家庭的伤，这是我们天生的脆弱。

有的人缺乏安全感，常对伴侣疑神疑鬼；有的人很自卑，总觉得自己不可能获得他人的爱，所以伴侣对自己肯定有所图；还有的人性格不佳，拙于言辞，不善于表达，他们经常被伴侣误解，容易和伴侣发生冲突；当这些脆弱被某些压力事件触发，如怀孕、分娩、失业、疾病、养育孩子，这个时候就产生了应激。

如果处理得好，夫妻的感情会逐渐加固稳定，这就是适应；如果处理不好，常年积压的不满会导致婚姻的破裂，这就是适应不良。

离婚是一个令人沮丧和痛苦的事实。研究发现，经历父母离婚的小孩在他们长大后更可能离婚[80]。

一方面，离异家庭的孩子对婚姻看法一般比较消极，当他们恋爱的时候，对爱人更容易不信任，人都有自证倾向，最后事情很可能真的变坏，婚姻按照预想走向了破裂。

另一方面，离异家庭的父母在婚姻出现问题的时候，把离婚作为解决问题的方式，孩子更可能学会这种方式，在婚姻面临问题时，更多地选择逃避和放手。

心理学认为，悲剧总是轮番地上演，我们经常重演我们父辈的悲剧，很难打破循环，当然，这可能也是我们对父母表达爱和忠诚的另一种方式。

9.4
最熟悉的陌生人

心理学关键词：

四种类型的离婚后关系

离婚后我们会是怎样的关系呢？

老死不相往来的仇人？

分外眼红的敌人？

还是一别两宽各自安好的陌生人？

1. 暴躁的仇敌（25%）

从爱人到仇人有几个步骤呢？

其实大概可以想象这对夫妻经历了什么，他们可能在离婚前有相当长的时间不开心，冲突、争吵、磨合、冷战。

这段婚姻中很可能有长久的欺骗，也可能有无止境的谩骂、指责和不屑。他们长期处于一种危险关系中。

危险关系主要有以下三个特征（Brown，2017）。

A. 给予与索取的不平衡

什么叫平衡？

周瑜打黄盖，“一个愿打，一个愿挨”，这种关系平衡吗？

很平衡。有人说过，世界上最稳定的婚姻就是一个“受虐狂”爱上了一个“施虐狂”。

狂人没那么多，我们普通人追求的平衡更像玩跷跷板。

一会儿你在上面，一会儿我在上面，你在事业上多点追求，我为家庭多付出点儿，那么，赚钱你说了算，花钱我说了算，很平衡。

什么状态不平衡呢？

你想打，我不愿意挨呢！玩跷跷板时一方老在下面，一方长久地停在空中，游戏玩不下去了。

给予方不断地付出，心中埋怨对方不知道感恩图报，获得者不断地得到，然后不知道珍惜。

给予方在长期的付出后精疲力竭，内心恐慌一旦自己停止付出，对方很可能抛弃自己。他们不确定彼此的关系是基于感情，还是自己的不断付出。

索取方也不总是快乐，他们背负着亏欠感和愧疚感。他们会说："是啊，她为了我做了好多，我要好好对待她，否则就是忘恩负义。"

B. 无处安放的冲突

如果我们学不会处理冲突，我们永远无法对婚姻满意。

指责金句：你怎么脾气总是这么大？你到底讲不讲理？（对人不对事的指责）；你这个人到底还有没有一点责任感？你像个男人行不行！（站在道德制高点上的指责）；你怎么这么不靠谱？你怎么这么小气？你的孩子你到底管不管？（连环炮式的指责。）

很耳熟对不对？

很多人爱看《奇葩说》，但是家庭不是辩论赛场，你赢了辩论，很可能输了感情。家是讲情的地方，不是讲理的地方。

C. 缺乏感情支持

当你孤单你会想起谁？

当你沮丧你想依靠谁？

当你有烦恼你会向谁倾诉？

如果你的回答都不是伴侣，你们之间的亲密关系就要打一个问号。

为什么我们有困难的时候不找我们的伴侣求助？

因为我向你求助的时候得不到回应，还常常被你嫌弃。

嫌弃金句：算了，我还能指望你什么！你想怎样就怎样吧，我哪管得了你！我随便你！

是不是听着就来气？不屑的背后是对伴侣的轻视和对伴侣付出的忽视。

婚姻专家戈特曼认为不屑是显示婚姻最危险的信号，也是预测婚姻质量的最重要因素。

还有更加恐怖的，婚姻中的冷暴力——交流昏迷。

《中国青年报》一项有 2 750 人参加的调查显示，近八成受访者有不同程度的“下班沉默症”。上班时口若悬河，下班后沉默是金。既然吵不赢，干脆别吵了，结果发现，不吵比吵更恐怖。

婚姻中长期的愤怒和不满，婚姻结束时的财产纠纷、子女分配，这一切让我们相爱相杀。

2. 愤怒的同伴（25%）

为什么彼此愤怒不满还要绑在一起成为同伴？

因为孩子。

孩子让离婚变得拖泥带水，变得棘手和充满伤害。

父母离异的小孩真的会更加不快乐吗？

父母离异的小孩真的会有更多心理问题吗？

成千上万的研究得到结论：与那些父母仍然维持着婚姻的人相比，父母离异的儿童在青少年时期和成人早期幸福水平都比较低。

他们通常适应能力差、性格孤僻、意志消沉、更加不好亲近，人际交往更困难。他们也可能更多地犯罪、少年怀孕和学业不良。他们更可能难以建立亲密关系，以后更可能离婚。

父母离异的确对孩子的健康成长有影响，但是影响没有你想象的那么大。

更新的研究发现，也许不一定是离婚导致孩子的问题，更可能是父母离异后的经济困难导致了儿童的各种适应问题和心理问题。如果有监护权的父母有充分的经济资源，能更好地支持儿童，他们遇到的困难会少很多[81]。

3. 合作的同事（38%）

到底是父母离异，还是糟糕的婚姻对孩子影响更坏？

一个十分伤大雅的比喻来了：巧克力味道的屎和屎味道的巧克力，你要吃哪一样？

研究发现，无论是否离婚，双亲冲突（parental conflict）给了孩子更高的焦虑（Riggio，2004）、更差的健康（Miller & Chen，2010），以及更多的问题行为（Musick & Meier，2010）。

也就是说，虽然孩子热切地希望父母能够在一起，但是当婚姻中充满着争吵、冲突，甚至暴力的时候，不离婚比离婚更糟糕（Musick & Meier，2010）。所以，当你决定不离婚的时候，你做的要比“不离婚”要多。

如果你们的婚姻弥漫着战争的硝烟，而你又无力阻止，并且还在犹豫为了孩子要不要离婚的话，也许离婚对孩子更好。

对孩子而言，离婚前的父母是敌对的双方，充满谩骂和指责，离婚后的父母是合作的同事，保持着礼貌和客气，后者的设定会更安全、更合适。

4. 完美的朋友（12%）

离婚后还可能成为完美的朋友？

真的有人能做到，约有 12% 的人可以从爱人顺利过渡到朋友。

我们从朋友发展成爱人，再从爱人退回到朋友，人生居然是个圆。

其实已经很棒了，对吧？但是我还是“贼心不死”地“心有不甘”。

如果连离婚都没能伤害两个人的感情，这两个人彼此的信任、依赖有多深啊，为什么还是会以离婚告终呢？

我的老师是婚姻咨询方面的专家，他的一句话让我印象深刻，他说：“来找我做婚姻治疗的夫妻有三分之二最后还是选择了离婚，不是他们的婚姻无药可救，而是他们来得太晚了。”

讳疾忌医的典故中，扁鹊曾曰：疾在腠理，汤熨之所及也；在肌肤，针石之所及也；在肠胃，火齐之所及也；在骨髓，司命之所属，无奈何也。

很多人太不把婚姻中的问题当一回事，尤其是男人，总觉得婚姻是个私人的事情，还要拿去咨询和治疗，完全没有必要。他们对婚姻中的问题反应迟钝或者视若无睹，甚至希望时间能解决问题。等他们意识到问题严重的时候，想去求助婚姻治疗，却发现婚姻已经病入膏肓，药石无用。

婚姻有疾和身体有疾一样，越早发现，越好治疗。

毕竟你们的情谊都已经千锤百炼了，就差一点点，令人扼腕。

看出来了吗？我对婚姻的完整有一种执念，这也是一种病，要治！

9.5
拓展：离婚的信号

根据大量心理学研究综述的结果，离婚确实拥有一些特定的信号。

信号 1：社会经济地位。那些职业地位低、受教育程度低、收入较低的人与社会经济地位较高的人相比，更容易离婚，具体来说，受过良好教育的女性更不可能离婚（Wilcox & Marquardt，2010）。

知书达理、教养良好的女性更加宜家宜室，这是真理。

信号 2：性别比率。在全世界，当女性数量超过男性，性别比率降低的时候，离婚率会升高（Barber，2003）。

这是什么原因呢？大家可以思考思考。

信号 3：社会流动性。经常迁居的人比那些定居扎根的人更容易离婚（Magdol & Bessel，2003）。

确实，大城市的离婚率比小城市高得多。中国离婚最高发城市前三名：北京、上海、广州。

信号 4：无过错立法。使离婚更容易的法律改善了人们对离婚的态度，从而使离婚更容易发生（Amato & Rogers，1999）。

以前认为离婚是坏的、是羞耻的，而现在用中性的、无过错的描述来定义离婚，这件事能让人们更加勇于离婚，“我们都没错，只是不适合”。

信号 5：工作女性。当更多女性成为劳动力时，离婚率增加[82]。

女性经济独立后，可以对糟糕的婚姻说“不”。

信号 6：结婚年龄。少年结婚比 25 岁以后进入婚姻更可能离婚（Glenn et al.，2010）。

结婚越早，离婚越早，如果结婚是个冲动的选择，你就得接受冲动的惩罚。

信号 7：婚姻次数。二婚比初婚更可能以离婚告终（Poortman & Lyngstad，2007）。

二婚更容易离婚？对！当婚姻发生问题，已经用离婚解决了一次，就不介意再使用第二次。

信号 8：父母离婚。父母离婚增加了子女离婚的可能性。然而随着离婚变得普遍，这一影响力在变小（Bartell，2006）。

离婚可以有各种原因，爹妈不能总做你的“背锅侠”。

信号 9：孩子。没有生养的夫妻更可能离婚，但孩子降低离婚的风险在孩子非常小的时候最明显[83]。

孩子越小，婚姻相对越稳定，随着孩子的长大，孩子对婚姻的约束力在减退。

“等着孩子长大了再离婚好了”是个普遍想法。

信号 10：共同点。有很多共同点的夫妻不太可能离婚（Clarkwest，2007）。

我们都喜欢相似的人，共同点越多，冲突越少，关系越稳固。

信号 11：人格属性。神经质越高的人越可能离婚（Karney & Bradbury，1995）。

神经质过高一般意味着更加不稳定的情绪、更加敏感脆弱的内心，更多的敌对和冲动，这些对于亲密关系是更大的挑战。

信号 12：生活应激事件。生活应激事件的发生增加了离婚的可能性[84]。

如果生活磨难太多，会给感情增加太多的困难。

信号 13：共处时间。共处时间更多的夫妻更不可能离婚（Poortman，2005）。

这源自曝光效应，你出现得越多，我越喜欢你。

信号 14：婚姻态度。对婚姻持悲观看法的人更可能离婚（Segrin et al.，2005）。

人拥有自证倾向，你把事情想得越坏，坏事越可能真的发生。

信号 15：性满足。性生活较高的满意度与较低的离婚率有关（Karney & Bradbury，1995）。

性是亲密关系和婚姻的重要组成部分，有个朋友曾经告诉我，最幸福的婚姻就是不仅三观相合，“性趣”也相合。

资料来源：[美]罗兰·米勒．亲密关系[M]．王伟平，译．6版．北京：人民邮电出版社，2015.

第 10 章　爱人和敌人

10.1 相爱没有那么容易

心理学关键词：

过度自信

自我服务偏差

关系信念

相爱没有那么容易，沟通经常让人来气。

也许，我们并没有像我们想象的那样了解伴侣，也不像我们自以为是的那么擅长“读心”。

甚至在尝试沟通之前，我们已经给自己先竖起了一道道墙。

1. 第一道墙——过度自信

题目 1：小明坠入爱河，请小明、小明妈妈、小明的闺密分别预测小明的恋爱前景，你觉得哪个答案可能会更准确？

A. 当然是小明自己预测最准啦，爱情好不好，当事人最知道。

B. 小明妈妈的预测应该最准确吧，毕竟知女莫若母。

C. 小明的闺密应该预测得最准吧，毕竟女孩子心思细腻，而且外人的角度最不偏不倚。

你觉得正确答案是哪一个呢？

C>B>A

预测最准的是小明的闺密（Loving,

2006）； 其次是小明的妈妈（MacDonald & Ross，1999）；最后才是当事人小明，为什么会这样？

有句话可以给你答案，人类都是过度自信的猴子。

是的，你没看错，是过度自信。

有的人过度自信是因为“70% 悖论”。很多调查数据都显示，不论是个人能力，还是道德水平、工作业绩，70% 的人都认为自己比平均水平高。我觉得颜值水平也是如此，不信你现在随便找个身边的姑娘问问：你觉得自己长得如何？

一般啊（哦，一般好看）；我不太好看啊（就是比较好看而已）；比我漂亮的多的是（比如热巴啊，娜扎啊）。

括号外的是表面回答，括号内的是内心感受，大部分姑娘内心对自己长相的预估都是：中等偏上。哈哈，果真打败了 70% 的路人。

所以你千万不要谦虚，千万不要说你经常感到不自信，其实大部分时间你常常自信到爆炸。

例如，我们常常容易作出错误判断，还常常自以为我们对他人的看法准确无误[85]。

多数进入股市的人都信心十足地认为自己是收割韭菜的人，结果都成了别人的韭菜。

有人过度自信是因为他会“选择性失忆”。

心理学家一直认为记忆会骗人，我们对过去事情的记忆往往是过去真实事件与最近感受的混合产品，这个叫作重构性记忆（reconstructive memory）。我们一直充当生活的写手，对自己的记忆内容进行不断的编码、润色和重新修订。

譬如，我们当前对亲密关系的感受会影响我们对往事的记忆（McFarland & Ross，1987）。

如果当下幸福，我们会选择给记忆催眠。忘掉以往的不快吧，我一直很幸福哦；我觉得我有全世界最好的老公！（朋友，上个月你还来我咨询室痛诉你老公出轨啊。）

如果此刻痛苦，我们接着给记忆催眠。忘了以往的快乐和满足吧，我确实一直生活在痛苦中。

我嫁给你就是错误，你从来不愿意为我付出！（老婆，我数十年如一日地起早贪黑伺候照顾你，你全部都忘了？）

好随意的记忆模式，过度自信的“猴子们”啊。

有的人过度自信是因为他的“自己例外心态”。

很多推销保险的人在推销意外险的时候总会被骂得狗血喷头。“什么？你说我出门易遭飞来横祸！什么？你说我家老房子会着火！什么？你说我爬个梯子会摔断腿！狗嘴吐不出象牙，你给我出去！”

很多人唯一能坚持数十年如一日的事就是数十年如一日地买彩票然后不中奖，我们在兑奖的时候总是信心十足。

我们总是倾向于认为我们会是那个少数的幸运儿，而绝不是那个可怜的倒霉蛋（Kunda，1987）。我们对未来事件有着不切实际的乐观主义精神，当然，如果没有这种超级乐观主义精神，人类可能还生活在树上。

当然，还有人过度自信是因为他是当之无愧的“事后诸葛亮”。

我说让你买那一只股票你不听，输得惨吧。（大哥，你也就猜对这一回啊，前面 18 回你都错了啊。）

让你不要和他结婚你不听，现在离婚了吧。（大姐，我老公不是你给介绍的吗，你介绍的时候说我们天生一对、珠联璧合、命中注定啊。）

当新的关系刚建立的时候，我们会信心十足，觉得真爱可以战胜一切，随着关系的发展，双方越来越熟悉，我们以为我们会对伴侣更加了解，其实不然。

2. 第二道墙：自我服务性偏差

情境 1：已经上课 30 分钟了，你手拿早饭慌慌张张地冲进教室。

你对此的解释是：“天啊，你不知道今天早上我经历了什么！先是环城大堵车，我困在三环线上一个小时心急如焚，然后我进学校的时候，突然冲出来一辆电动车，我差点被撞。我有低血糖，早上不吃饭可能会晕倒，只好把早餐带来教室了，下课的时候再出去吃掉。”

情境 2：已经上课 30 分钟了，小 A 手拿早饭，慌慌张张地冲进教室。

你对此的解释是：“天啊，他好懒，睡到现在干脆别来了，迟到就迟到，居然还拿着早饭，对教授这么不尊重，一顿不吃又不会怎样。”

发现没，当你是行动者和当事人的时候，你会倾向于外部归因，把过错归于外部环境和压力（堵车）；但当你是观察者的时候，你会内部归因把过错归于他的性格和意图（懒，好吃）。

这就是传说中的自我服务偏差（self-serving bias）。我们会欣然地把成功归功于自己，极力为失败找借口，毕竟“甩锅”非常有利于心理健康。

在亲密关系中也是一样。如果关系发展顺利，我们可能会认为我们是大功臣，当关系变得糟糕的时候，我们会认为都是对方的错。你变了，我们不像以前那样好了。

这个研究有意思的是，我们都能轻而易举地发现对方的“甩锅”之举，如对方对自己居功的夸夸其谈，对自己失败的苍白解释，而对自己的“甩锅”毫无察觉，甚至振振有词（Pronin et al.，2002），觉得理所当然。

人类果真高明，我们都是自己行为的最佳辩手，我为自己代言！

3. 第三道墙：男性自我表露的缺乏

论人际沟通能力，与女性相比，大部分男性确实都是“小学生”。

研究发现，配偶之间自我表露越多，他们的婚姻就越幸福[86]。

女性很擅长自我表露，她们的表达性特质更强，擅长表达爱和情感，而男性的工具性特质更强，更容易给出明确的指示和建议。男性的工具性特质适合职场，解决具体问题，杀伐决断。但是，在人际关系的处理上，表达性特质比工具性特质重要得多（Burleson et al., 1996）。

男人是“职场动物”，女人是“家庭动物”，该说法虽然有失偏颇，但是对大多数人是适用的。

所以我们经常听到这样的对话。

“老公，你看我买了件新衣服，好不好看？”

“这是新衣服吗？和以前的一模一样啊。”

“宝贝，我上司今天骂了我！”

“又挨骂了，我想你可能要从你自身出发寻找原因。首先，这个事是不是你做得不对，错在不在你；其次……”唉，越听越想捶他。

如何成为优秀老公？

六字真诀送给各位。

倾听、回应、赞美。

一名优秀心理咨询师最重要的职业要素是倾听，并且适时地作出回应，乃至赞美：“哦，啊，嗯，这样啊，你挺不容易的。”

同理，一名优秀的老公最重要的职业要素也是倾听，并且作出回应，如果能适时地加入赞美，便可以打败 99% 的老公了。

不好操作？没事，请把下面的例句背得滚瓜烂熟。

“啊，真的吗？”

“是这样啊，后来呢？”

“她怎么这样啊，别担心，你比她好看……”

“没工作就没工作，我养你啊！”

你背熟了没？没背熟，再来跟我念一遍。

10.2
亲密敌人

心理学关键词：

冲突的原因

冲突的激发

冲突的升级

据说就算是最相爱的夫妻，一辈子也有500次想要掐死对方的念头。

伴侣为什么常常有冲突，如何解决冲突，冲突都是有害的吗？

为什么有的人一辈子吵吵闹闹，关系越吵越好，为什么有的人吵架三次就“劳燕分飞”，一拍两散？

夫妻间如何科学地争吵？哪些话能说，哪些话少说，哪些话慎说？

1. 亲密关系中的冲突

情境1：我迁就了你，我很不爽。

老婆：“这次旅游，我想去日本看樱花。”

老公：“日本有啥好，我们全家去美国高速公路自驾游多爽！”

老婆：“我想去日本买买买啊。”

老公：“美国也可以买买买啊！”

最终老公妥协了，全家去了日本。

一路上，从飞机晚点到住宅条件有限，再到语言沟通不畅……每遇到一个困难，老公就会把美国的地大物博拿出来吹嘘一番……一直持续到旅途结束。

老婆："以后你跪着求我，我也不会再和你一起出去玩，你也不用委屈自己啦！"

亲密关系中永恒的矛盾就是个体的自主性和他人亲密性之间的矛盾。一方面，我们希望按自己的意愿行事；另一方面，我们又渴望和他人在一起的温暖。你要亲密，还是自由？你要独立，还是归属？

鱼与熊掌不可兼得，我们不可能同时拥有高度的自由和高度的亲密。甚至有时候，鱼和熊掌我们一个也没有得到。

情境 2：你以前谈过几个男（女）朋友？

"你以前谈过几个女朋友？"

"三个。"

"三个？我才谈过一个（亏了）"。

"她们是怎样的人？她们比我漂亮吗？你们为什么分手？"

"你觉得我们的感情会一直这样好吗？能走多久？"

"应该会吧。"

"什么叫应该，你就这么没有信心？"

我们经常会遇到一个问题，当爱人问及你过往情史的时候，该和盘托出还是矢口否认，或者选择性地表达？

我们需要和伴侣分享我们的思想与情感，自我表露越充分，感情越好越深。但是，我们也害怕伴侣说了我们不想听的内容，同时也害怕伴侣问了我们不想回答的问题。

亲密关系的另一个矛盾来自开放和封闭，我们一方面想要多说，一方面又担心多说多错。

情境 3：你变了，你不是从前的你了。

很多人一听这种话就生气，明明是我进步了，你跟不上了，就倒打一耙说我变了。

那么伴侣之间的关系到底应该保持原样还是有所变化呢？

如果我们关系亲密而快乐，我们当然希望感情永远不变，但是事实是，时间在流动，人在成长，亲密关系也在变化。

那么，爱人变化的时候，是欣赏并接受他（她）的变化，还是固执地执着于原来的他（她）呢？

2. 冲突的激发事件

冲突普遍存在，冲突需要一个导火索——激发事件。

批评（criticism）是最常见的激发事件。你批评了我，作为回报，我一定也要批评你一回，礼尚往来嘛。

譬如指责金句：你怎么总是……

“你怎么脾气总这么大？”——“我的脾气大？你的脾气才大！”

“你怎么总这么小气？”——“我哪里小气，你才小气！”

“你怎么这么不靠谱？”——“说得好像你很靠谱似的！”

“我还能指望你什么？”——“那正好，谁都不要指望谁！”

想要爱人变敌人，请常用批评和指责。

无理要求（illegitimate demands）常常让伴侣觉得不公平，来重温下电视剧《还珠格格》中紫薇和尔康吵架的经典台词。

男：“你无情、你残酷、你无理取闹！”

女：“那你就不无情、不残酷、不无理取闹？”

男：“我哪里无情、哪里残酷、哪里无理取闹？”

女：“你哪里不无情、哪里不残酷、哪里不无理取闹？”

来人啊，把这两个残酷、无情、无理取闹的家伙都给朕拖出去斩了！

拒绝（rebuffs）在亲密关系中也同样让人恼火，如今天月黑风高，柳暗花明，春宵一刻值千金呀，你给了爱人一个明晃晃的性暗示后，她还是不解风情地睡着了。很挫败对不对，很想拉她起来吵一架对不对？

请大家猜一猜，在婚姻中最容易引发冲突的话题是哪个？

金钱？贫贱夫妻百事哀嘛。

亲戚？三姑六婆简直就是“事儿精”！

工作？有句话叫作不要把工作带到家庭，为啥有这句话，因为我们常常把工作的烦恼带回家，从而让整个家陪你一起烦恼。

孩子？恭喜你答对了，排名第一的是孩子。

有人说结婚是感情的分水岭，不，孩子才是。

结婚如果没有孩子，你们两口子还可以继续当两个“宝宝”，可是，一旦有了孩子，你们两个要迅速成长为“大人”。

孩子是日常夫妻矛盾的导火索。研究发现，在夫妻的日常争论中，冲突比例最高的是关于对孩子的照料和教导，其冲突比例高达38%。

也就是说你们每吵100句，有38句是关于孩子。

如何照料孩子？谁来管教孩子？报几个培训班？谁负责接送？谁辅导作业？

别看这些微不足道的小事，全是“爆点”，全是“雷”，一言不合“血流成河”。

3. 冲突的升级：我该不该“发飙”

上文提到，我们每个人都是自己行为的最佳辩手，因为自我服务偏差，我们每个人都会觉得自己完全没毛病，绝对对得起天地良心，而伴侣则不然。当我们被激怒的时候，我们会认为伴侣是故意的，他们自私、贪婪、无理取闹、不负责任。熊熊怒火在我们心中燃烧，这个时候问题来了，我们该“发飙”吗？

很多人认为，脾气必须有个出口，当我们愤怒的时候，压抑愤怒可能会“内伤”，可能会“憋死”，这样极不利于身心健康。那么，把脾气发出来真的会好吗？

“发飙”很简单，“怼人”很容易，但是你想过人际影响吗？

我们来看看心理学的研究结果：当你感到愤怒的时候就表达出愤怒几乎总是让你感到更愤怒（Tavris，1989）。

越流泪，越委屈。越“发飙”，越愤怒。

一个经常控制不住自己愤怒情绪的人很难拥有好的人际关系和亲密关系，当我们愤怒的时候选择立即向伴侣开火，通常我们会感受到伴侣激烈的愤怒反弹。一人之火变成二人之火，一把“你不想洗碗让我不爽”的星星之火，燃烧成“你自私自利从不考虑他人”的熊熊大火，最后发展成“你全家都自私才会有你这么自私的儿子”的燎原之火。

愤怒是一种超级病菌，不仅会传递，而且传染性极强，伴侣一方经常愤怒的话，另一方只好忍不住也愤怒了，此处有个专业词汇叫作负面情感的相互作用（negative affect reciprocity），俗称以暴制暴。

想一想网络上常见的掐架和语言暴力，是不是更容易理解了呢？

4. 应对冲突的四种夫妻

当冲突升级如何处理？婚姻界的大牛约翰·戈特曼通过研究如何处理冲突，把夫妻分为四种类型。

A. 多变型夫妻：冲突很频繁，熄火很快速。这类夫妻积极投身辩论事业，经常上演火山爆发式的各种花式冲突，他们以说服对方为终生目标，可惜终生不能如愿。

他们经常表现出各种强烈的负性情绪，如大吼大叫、歇斯底里，但是他们同时拥有超人的智慧和鱼一样的记忆来缓和愤怒、忘记矛盾。这就是传说中的“打是亲、骂是爱”。

朋友小 A：小时候超级害怕爹妈争吵，总会躲在被子里偷偷地哭，害怕他们离婚……长大后发现，小的时候真蠢啊，白流了多少眼泪，看事情只看表面，看不到本质。他们明明越吵感情越好，在争吵中锻炼口才，在辩论中表达自我。

B. 认可型夫妻：这种夫妻段位高，即使讨论最激烈的话题，他们也会自我控制、表现平静，尽可能以理服人、以德服人。他们认可对方，尝试共同努力解决问题。

C. 逃避型夫妻：逃避型夫妻很像鸵鸟，他们一直秉承大事化小、小事化了的原则。他们酷爱逃避冲突，他们相信老祖宗的哲学，事缓则圆。随着时间流逝，问题一定能够得到自然的解决。他们害怕冲突，相信只要放松，问题就会过去。

如果双方都这么想，事情还好办，但是如果一方想吵架，一方逃避，事情就发展成明明只想好好吵架，可对方就是不说话！

朋友小 C 向我倾诉：我每次向我老公尝试表达感受，试着解决问题，他就跟没听见一样在那低头玩他的手机。有次我气极了，冲过去把他“暴打”一顿，把他手机扔到了地上，他只抬头看了我一眼，皱皱眉头说你疯了，然后捡起手机继续玩。我当时心中只有一个想法，掐死老公判几年？

D. 对立型夫妻：这个厉害了，夫妻经常爆发激烈的争吵，彼此之间用各种侮辱性的语言辱骂、压制和讥讽对方和对方亲人，他们压根听不见，也不想听对方在讲什么。他们就算不主动争吵，也会恶意相待。他们和其他三种夫妻完全不同，他们是抱着玉石俱焚、同归于尽、视死如归的心情在做夫妻，我实在搞不清他们是爱人还是敌人？

文章到了尾声，两个问题你有答案了吗？争吵一定对感情有危害吗？夫妻有争吵和冲突怎么办？

冲突在亲密关系中普遍存在，冲突发生了也不要逃避。争吵不一定对感情有害，不吵也不代表关系真的很好。

有的夫妻在吵吵闹闹中完成了对爱的重新定义，他们把争吵作为加深彼此之间相互了解的契机。

有的夫妻在吵吵闹闹中完成从爱到恨的情感转移，最终一拍两散，分道扬镳。

有的夫妻不吵也不闹，却在长久的忽视和冷漠中无法忍耐，结束了婚姻这场漫长的修行。

10.3
别对我说谎

心理学关键词：

谎言

背叛

大多数人都希望自己能遇到一位忠贞的伴侣，但是据调查发现，全世界大多数男性（54%）和一部分女性（34%）都曾暗中勾引过别人的伴侣[87]，而且他们中间的 80% 至少成功了一次（Schmitt et al.，2004）。

我们来看看我国民政局官网 2012—2017 年全国上半年婚姻人口数据趋势（图 10-1）。

图 10-1　我国民政局官网数据

结婚率一路走低，离婚率一路飙升，这个事实已成历史洪流不可逆转。反正我身边打离婚官司的律师朋友都富起来了。

离婚率前三强的城市是北京（首都的龙头地位十分稳固）、上海（据说每结 2 对离 1 对）、深圳。

离婚原因前三项：

第一名：一方出轨

第二名：家庭暴力

第三名：性格不合

1. 出轨者的职业

出轨率最高的职业是什么呢？

在男性群体中，出轨第一的高危职业居然是程序员！果真人不可貌相，海水不可斗量。

看来是时间要打破女性择偶的刻板印象了，很多女人认为长相忠厚老实、不修边幅、加班过多的男人可以嫁，他们大部分不会出轨。

也可以反过来解释：长相忠厚老实——别的女人也这么觉得；不修边幅——正好可以省出大把银子巴结女孩子；加班过多——多么正当让人不会怀疑的借口，谁知道你每天窝在电脑前是在写代码还是和姑娘聊天？

在女性群体中，出轨第一的高危职业是全职太太，当然如果全职太太也能算一份职业。看来人果真是需要工作的“猴子”，一闲下来就容易出轨。

脑海中浮现日剧《昼颜》里的经典“箴言”，结婚就是用失去热情来换取安稳。

婚后三年老公就把老婆当成冰箱了。不管什么时候，打开门就有食物，冰箱坏了会很不方便，但是也不会保养。可是如果你在外面谈恋爱的话，在家对老公也会宽容的。

果真是出轨女性的最佳心声。

发现没？女人常常因为寂寞出轨，情感需求得不到满足。男人常常因为有钱出轨，时代果真是变了，“程序猿”居然成了有钱人的代表。

2. 出轨者的特征

A. 书读得少更容易出轨

研究发现，在年长、受教育程度高和有宗教信仰的人中，背叛较少出现。看来读书还是真有用。

问题来了：你们觉得背叛者和被背叛者谁更容易有心理问题？

肯定是被背叛者啊，世界坍塌，内心崩溃，多可怜啊。

偷偷告诉你，背叛者也好不到哪里去。那些经常背叛他人的人也不快乐。真的，经常干坏事的人比较容易不开心。

背叛者不太容易相信他人，他们错误地认为别人和自己一样，都有同样的行为动机。背叛者更容易有报复心、怀恨多疑，他们更容易嫉妒或者玩世不恭，更可能产生心理问题。

经典问题：老天为什么不惩罚坏人？

经典回答：老天已经惩罚他做坏人了。

不信抬头看，苍天饶过谁！

B. 自私自利者更容易出轨

一般认为，出轨者多外向好色，他们的随和性和尽责性都较低（Schmitt & Buss，2001），他们只注重自我享受，不在意他人感受，更别提什么责任感。

他们通常比较自恋并且爱操纵他人（Jonason et al.，2010）。从人格特点的稳定性来讲，“一次不忠，百次不用”可能有其科学道理。一方面，当他们勾引成功的时候，就会自我膨胀，想要再次猎艳[88]；另一方面，如果他第一次出轨是为了更有价值的对象，那么当更有价值的对象出现时，他们也可能出轨，一旦出轨，人们往往会再次出轨（Foster et al.，2004）。

所以，那些靠死皮赖脸、小三上位的女人真的没有必要得意太久，一旦小四、小五出现，闹剧重演，她一定也是“炮灰”，永远不要觉得自己是那个最特别的。

女性出轨的时候通常会炫耀她们的性魅力和女人味，而男人则会宣扬自己的权势，以及能为女性提供的各种资源（Schmitt & Buss，2001）。

所以，女性在出轨约会第三者的时候，会悉心打扮、散发信号，男人则会赞美奉承、挥金如土[89]。

3. 一日说谎，终生说谎

出轨与谎言是一对好兄弟，如影随形。一次出轨可能伴随千百次的谎言。

我们在日常生活中常常说谎，多是无伤大雅的谎话。

在社会交往中，我们常常礼貌性地说谎。比如，你这件衣服真的很好看，很衬你的肤色（表达礼貌和善意）；好的，领导我明白了，我马上就去做（应付领导，避免挨批）；我完全同意你的观点（希望获得你的喜欢）。

当男人面对心仪的漂亮姑娘的时候，可能会夸大自己的魅力和收入。女人更可能在性生活中假装高潮，作为对男性性能力的激励和肯定[90]。这些谎言大多不会被拆穿。

人们较少对自己的爱人和朋友说自私贪婪的谎言，但是一旦说出，就是弥天大谎。最严重的谎话也往往发生在亲密关系中。

很多人被劈腿后总会说，他为什么要骗我呢？他不爱我我们就分手啊，他为什么要骗我骗得那么苦呢？

此处引入两个心理学概念。

事实偏见（Burgoon & Levine，2010）：亲密伴侣对彼此有着超乎常人的了解，他们也有迷之自信，我是世界上最了解你的人，所以，你一定说的都是真话，你肯定不会骗我。

结果常常被“打脸”，研究发现，他们的自信程度和他们判断的准确性没有半毛钱关系[91]。

很多人认为自己欺骗伴侣的能力要强于伴侣识破谎言的能力，其实，也许真的是你想多了，她只是静静看着你演戏罢了。

毕竟，人生已经如此地艰难，有些事情就不要拆穿了。

欺骗者猜疑（Sagarin et al.，1998）：亲密关系中的说谎会破坏伴侣之间的信任。当人们没有遭受欺骗的时候，他们会觉得爱人一定不会骗他；当人们遭受一次欺骗的时候，他们觉得对方一定还会骗他。

美剧《老友记》里瑞秋说过这样一句话，“一日出轨，终身出轨”。科学调查发现，与那些对伴侣忠诚的人相比，那些在初恋就出轨的人在下一段感情中出轨的可能性要高出那些对伴侣忠诚的人 3 倍。

当一个人屡次欺骗伴侣时，大脑会逐渐适应并且压根儿不再对撒谎感到愧疚。研究表明撒一些小谎会使我们的大脑对相关负面情绪产生麻木感，这可能会“鼓励”我们在未来撒下更大的谎言。这叫作说谎成瘾。

当一个人遭受一次爱人的重大欺骗，也压根儿很难再重拾对爱人的绝对信赖。你骗过我一次，我再看你的每一次，目光都充满了不信任，这叫作信任危机。

信任危机会让亲密关系如履薄冰，那么遭受背叛和信任危机后两个人还能和好如初吗？

10.4 背叛了还能原谅吗

心理学关键词：

背叛的两面性

应对背叛

为什么伤害那么多，背叛最难以忍受？

如果被背叛了，到底该怎么办？

背叛行为在亲密关系中普遍存在，所以我们今天要讨论的是一个亘古难题。

1. 背叛的两面性

心理学研究发现背叛具备两面性。

一面是被背叛者：几乎所有的被背叛者（93%）都认为背叛会损坏关系，导致较低的关系满意度和挥之不去的怀疑与猜忌[92]。

亲密关系和普通人际关系完全不同，普通的熟人不可能像我们爱的人那样彻底地伤害和背叛我们（Jones & Burdette，1994），我们压根儿不会给他们这个权力。

所以，所爱的人给我们的伤害是任何其他人造成的伤害所不能比拟的[93]。

另一面是背叛者：我说过，每个人都是自己行为的最佳辩手。背叛者深知背叛是不好的，为了让自己道德良心平衡，让自己好过，他们会尽可能地弱化和低估自己的背叛行为，或者把自己从背叛的字眼中摘除。

他可能会说，我只是犯了一个天下男人都会犯的错误。把背叛归结于全天下男人的劣根性。或者会说，我当时喝多了，前女友又正好在我身边，我才不小心和她拥抱了，将自己的背叛“甩锅”给酒精。

更可恨的背叛者会把自己背叛的罪责推给伴侣，苍蝇不叮无缝的蛋。难道只有我一个人有问题吗？一个巴掌拍不响！什么啊，苍蝇什么蛋都叮啊。对啊，一个巴掌拍不响，所以你拍了别人的巴掌啊。

2. 为何背叛这么伤

A. 背叛会导致爱情信仰的破碎

那个和我海誓山盟，信誓旦旦说爱我一辈子的人哪里去了？

如果我连你都不能信任，我还能信任谁？

原来我不是你心底的唯一，我不是那个独一无二的存在。

B. 背叛令人痛苦

痛苦、质疑后会伴随深深的嫉妒，他真的那么好吗？我到底哪点比不上她？

如果伴侣出轨，男性和女性都会嫉妒，但他们嫉妒的内容、脑海里的画面是不一样的。

男性一想到伴侣性方面的不忠、身体出轨时最容易嫉妒。你和他发展到哪一步了？你和他上床了？

而女性对伴侣感情的不忠贞，精神出轨的反应最为强烈。你爱上她了？你离不开她了？

一方面的解释来自进化心理学观点：女性不忠，男性付出代价太大。男人最害怕什么？头顶一片“绿草原”。“为人父的不确定性”使得男性比女性对性的不忠更警觉，他们害怕“喜当爹”。

对女性而言，更危险的不是伴侣与他人的性，而是伴侣对他人的爱，如果男人爱上别人，可能就不愿意为自己和孩子提供生存资源，孩子的未来就会受到损害和威胁。

另一方面的解释是：女人的性和爱很难分开，女人只会跟喜欢的男人上床，所以，一个女人身体出轨，基本就表示她的身体和精神双重出轨了。而男人，通常被认为性和爱可以分开。所以，一般认为男人身体出轨可能仅仅是身体出轨，但是精神出轨则标志着身体和精神的双重出轨。

C. 背叛让人自我怀疑和否定

背叛最严重的损害是对受害者自我的损害。我原以为我很了解你，也很了解我自己，我原以为我会爱人，也值得别人去爱，但是现在我对一切产生了质疑。

我们的爱人会给我们带来最亲密的保护，也会以常人不能的方式伤害我们。

来自最亲密爱人的背叛会导致我们的认同感危机。我还是一个值得被爱的人吗？我还能选择相信别人吗？

如果背叛不只发生在爱人身上，还有些更加“狗血”的桥段，如你的爱人和你最好的闺密好上了，你会三观尽碎，世界崩塌。

3. 背叛了还能原谅吗

背叛总是会给亲密关系带来负面和持久的影响，背叛通常是寻求心理治疗或离婚的夫妻抱怨的焦点所在（Amato & Previti，2010）[94]。

我们该如何应对背叛呢？应对背叛的好方式如下。

A. 直面背叛。

对，我就是被“劈腿”了，这是我男朋友的错，不是我的错。

B. 以积极的方式对事情重新解释，把它当作个人成长的历练。

对，我确实没有看男人的眼光，这方面我以后要千百倍地加强。

C. 向朋友寻求帮助。

小丽，你说我这么好，他为什么不知道珍惜？

这些方式是健康积极的自我修复和自我重建，值得提倡。

应对背叛的坏方式如下。

A. 假装背叛没有发生。

我怎么可能被背叛，肯定是误会！他们两个肯定没有抱在一起，是借位！（你当在拍电影啊！）或者是我看错了！（你不是视力超群吗？）

B. 独自承受所有负面情绪，依靠药物或者酒精麻痹痛苦。

我要把自己关在黑屋子里独立舔舐伤口，等我闭关出来还是好汉一条！（朋友，你可知道举杯消愁愁更愁，失恋的痛苦治好了，还要去治疗酒精依赖。）

C. 以牙还牙，以眼还眼。

听上去超级痛快，把两个坏人拖出来痛打一顿，游街示众，闹得鸡犬不宁，满城风雨，“你不让我好过，我也不让你好过”。其实，最后都不好过。

且不说这种方式如何不体面，他越“渣”不是代表你越“瞎”吗？这种报复方式像《倚天屠龙记》里谢逊修炼的七伤拳，杀敌一千，自损八百。

心理学研究发现，报复心越重的人一般比较神经质，也缺乏随和性[95]，他们在报复他人的同时反复思考和回放自己被背叛的片段，从而不断地再次受伤害，不断加强自己报复的决心。他们通常过得不好，因为不愿忘记，他们甚至很难开始新的生活[96]。

这些方式接近于自毁，请大家慎用。

当然，如果你想要选择原谅，这个时候你要选择宽恕。要宽恕别人不是容易的事，起码需要两点。

A. 背叛者承认错误，真诚地道歉。

B. 被背叛者的共情，设身处地想对方为什么会犯错，两个人的关系如何改进。

研究发现，安全型依恋的人比不安全型依恋的人更容易宽恕他人[97]，安全型依恋的人很幸运，他们从小给自己搭建了一个安全堡垒，为自己提供了充足的安全感，他们更愿意相信宽恕后爱人会有改变，这对亲密关系是有益的。

不安全依恋的人则很难宽恕他人，他们小时候就体验到被抛弃的焦虑和痛苦，当他们成年后再次体验，他们很可能会放大这种痛苦的体验和过程，不断地回放伴侣出轨的事实，对每一个出轨的细节刨根问底，最终会导致亲密关系的失败。

电视剧《都挺好》中的苏明玉就是典型的不安全依恋人格，她从小没有获得爱，她宽恕家人是很难的，所以当她能宽恕、能放下，你会看到人性的光辉在闪耀。

随和性高的人也更容易宽恕别人[98]，这类人同理心强，比较能够设身处地地为他人着想，更容易把人和事情分开，“你这件事做错了，不代表你整个人都是坏的”，就事论事，不会一竿子打翻一船人。

虽然宽恕很难，但是好消息是，宽恕确实能改善亲密关系。如果背叛者真心道歉，你也真心接受了道歉，你们的关系甚至还有更进一步的空间，那些宽恕伴侣的人确实享受到了更多的幸福和更高的自尊、更少的敌意、更少的苦恼和紧张、更满意的生活。这些是那些没有宽恕之心的人无法企及的[99]。

综上所述，宽恕并不能把坏男人变成好男人，宽恕也不是告诉你要毫无底线地一而再、再而三地原谅出轨的伴侣。

如果对方不是真心悔悟，你也不能真正放下，此时的宽恕是有害的，它会削弱你的自尊[100]，这也是郭德纲说的，劝人大度遭雷劈。

但是如果对方真心悔悟，你也确实愿意为一段珍贵的亲密关系努力一把，也许你可以尝试宽恕，虽然爱情会让我们付出极大的代价，但是也可能为我们带来独一无二的、不可替代的奖赏。

10.5
拓展：你容易成为背叛者吗

背叛是有个体差异的，比如有的人更容易背叛他人，而有的人则非常严于律己，压根儿不允许自己有一点儿道德的瑕疵。

相比而言，男女在背叛的对象上也有区别（Jones & Burdette, 1994），男人更容易背叛自己的伴侣和生意伙伴，而女人更容易背叛她们的家人和朋友，如为了一个一文不名的穷小子和家庭反目，毅然决然地追求自己的爱情，想想当垆卖酒的卓文君。

想知道你的背叛指数是高还是低，不如我们一起来做一做以下这个测试——人际背叛量表，来看看你不为人知的另一面吧。

1. 题目

你做下面事情的频率如何？请阅读每个项目并用下面的评分等级打分：

1——我从不这样做

2——我做过一次

3——我这样做过少数几次

4——我这样做过若干次

5——我经常这样做

1. 为了给别人留下深刻的印象，怠慢自己的朋友。
2. 没有充分的理由就违背自己许下的承诺。
3. 为了得到他人的接纳，违心同意他们的观点。
4. 假装喜欢你厌恶的人。

5. 在朋友背后说长道短。
6. 向朋友许下自己根本就不想遵守的许诺。
7. 为了得到“圈内人”的接纳，不坚持自己的信仰和主张。
8. 向别人抱怨你的朋友和家人。
9. 把朋友透露给你的心腹话告诉别人。
10. 对朋友说谎。
11. 向家人许下自己根本就不想遵守的许诺。
12. 当朋友受人批评或轻视的时候不维护他。
13. 想当然地认为家人就是正确的。
14. 对于自己所从事的活动，说谎欺瞒父母或配偶。
15. 希望你讨厌的人走霉运。

2. 计分

将你的回答加在一起就是你的总分。

3. 解释

大学生平均分为 36 分，离校的成年人平均分为 35 分，年过 65 岁的老人平均分为 28 分。量表的标准差为 8 分。

所以，如果你的得分高于 44 分，你的背叛指数就高于平均水平，如果你的得分等于或者低于 28 分，你就比大多数人更少背叛别人。

资料来源：Jones&Burdette，1994.

参考阅读

[1] Hamermesh D S, Biddle J E. Beauty and the labor market[R]. National Bureau of Economic Research, 1993.

[2] Griffin A M, Langlois J H. Stereotype directionality and attractiveness stereotyping: Is beauty good or is ugly bad?[J]. Social cognition, 2006, 24(2): 187-206.

[3] 中华医学会精神科学会．中国精神疾病分类方案与诊断标准 [M]. 东南大学出版社，1995.

[4] 发生认识论原理 [M]. 1981.

[5] Byrne D, Clore G L. Effectance Arousal And Attraction.[J]. Journal of Personality & Social Psychology, 1967, 6(4):Suppl:1-18.

[6] Field T M. Massage therapy effects[J]. American Psychologist, 1998, 53(12): 1270.

[7] Scafidi F A, Field T, Schanberg S M. Factors that predict which preterm infants behefit most from massage therapy[J]. Journal of Developmental and Behavioral Pediatrics, 1993.

[8] Edlund J E, Sagarin B J. Mate value and mate preferences: An investigation into decisions made with and without constraints[J]. Personality & Individual Differences, 2010, 49(8):835-839.

[9] Wenzel A, Emerson T. Mate selection in socially anxious and nonanxious individuals.[J]. Journal of Social & Clinical Psychology, 2009, 28(3): 341-363.

[10] Caldwell C, Dixon R D. Love, forgiveness, and trust: Critical values of the modern leader[J]. Journal of Business Ethics, 2010, 93(1): 91-101.
[11] Brehm S S. Intimate relationships[M]. Mcgraw-Hill Book Company, 1992.
[12] Barrett L, Dunbar R, Lycett J. Human evolutionary psychology[M]. Princeton University Press, 2002.
[13] Dunn M J, Brinton S, Clark L. Universal sex differences in online advertisers age preferences: Comparing data from 14 cultures and 2 religious groups[J]. Evolution and Human Behavior, 2010, 31(6): 383-393.
[14] Mathes E W, Kozak G. The exchange of physical attractiveness for resource potential and commitment[J]. Journal of Evolutionary Psychology, 2008, 6(1): 43-56.
[15] Stanik C E, Ellsworth P C. Who cares about marrying a rich man? Intelligence and variation in women's mate preferences[J]. Human Nature, 2010, 21(2): 203-217.
[16] Davis H R. Just and Unjust Wars: A Moral Argument with Historical Illustrations. By Michael Walzer. (New York: Basic Books, 1977, pp. x, 361. $15.00.)[J]. Religious Studies Review, 2010, 4(4):240-245.
[17] Fletcher G J O, Tither J M, O'Loughlin C, et al. Warm and homely or cold and beautiful? Sex differences in trading off traits in mate selection[J]. Personality and Social Psychology Bulletin, 2004, 30(6): 659-672.
[18] Frederick D A, Haselton M G. Why is muscularity sexy? Tests of the fitness indicator hypothesis[J]. Personality and Social Psychology Bulletin, 2007, 33(8): 1167-1183.
[19] 同 [17].
[20] Li N. Intelligent priorities: Adaptive long-and short-term mate preferences[M]//Mating Intelligence. Psychology Press, 2012: 131-146.
[21] Tolmacz R, Goldzweig G, Guttman R. Attachment styles and the ideal image of a mate[J]. European Psychologist, 2004, 9(2): 87-95.
[22] Li N P, Bailey J M, Kenrick D T, et al. The necessities and luxuries of mate preferences: testing the tradeoffs[J]. Journal of personality and social psychology, 2002, 82(6): 947.
[23] Bleidorn W, Arslan R C, Denissen J J A, et al. Age and gender differences in self-esteem—A cross-cultural window[J]. Journal of personality and social psychology, 2016, 111(3): 396.
[24] Crocker J, Luhtanen R K. Level of Self-Esteem and Contingencies of Self-Worth:

Unique Effects on Academic, Social, and Financial Problems in College Students:[J]. Personality & Social Psychology Bulletin, 2003, 29(6):701-12.

[25] Baumeister R F. The nature and function of self-esteem: Sociometer theory[J]. Advances in Experimental Social Psychology, 2000, 32(00):1-62.

[26] Carmichael C L, Tsai F F, Smith S M, et al. The self and intimate relationships.[M]// The Self. 2007.

[27] Coan J A, Schaefer H S, Davidson R J. Lending a hand: social regulation of the neural response to threat[J]. Psychological Science, 2010, 17(12):1032-1039.

[28] Master S L, Eisenberger N I, Taylor S E, A Picture's Worth: Partner Photographs Reduce Experimentally Induced Pain, 2009, 20:1316-1318.

[29] Gouin J P, Carter C S, Pournajafi-Nazarloo H, et al. Marital behavior, oxytocin, vasopressin, and wound healing[J]. Psychoneuroendocrinology, 2010, 35(7):1082-1090.

[30] Dush, C. M K. Consequences of relationship status and quality for subjective well-being[J]. Journal of Social and Personal Relationships, 2005, 22(5):607-627.

[31] Cohen S, Gottlieb B H, Underwood L G. Social relationships and health: challenges for measurement and intervention[J]. Advances in mind-body medicine, 2001, 17(2):129.

[32] Berkman L F, Glass T. Social Integration, Social Networks, Social Support, and Health[J]. Social Science & Medicine, 2000, 51(6):843.

[33] Elwert F, Christakis N A. The Effect of Widowhood on Mortality by the Causes of Death of Both Spouses[J]. American Journal of Public Health, 2008, 98(11):2092-2098.

[34] South S J, Shen T Y. Changing Partners: Toward a Macrostructural-Opportunity Theory of Marital Dissolution[J]. Journal of Marriage and Family, 2001, 63(3):743-754.

[35] Amato P R. The Marriage-Go-Round: The State of Marriage and the Family in America Today-by Andrew J. Cherlin[J]. Journal of Marriage & Family, 2010, 72(5):1455-1457.

[36] Enke,A,The effectiveness of female date-initiation tactics.poster presented at the meeting of the Society for Personality and Social Psycholgy,San Antonio,TX.

[37] Reed W. Larson, Nancy Bradney, Precious moments with family members and friends. In R.M.Milardo(ED),Famlilies and social networks:107-109.

[38] Ackerman J M, Kenrick D T. Cooperative courtship: helping friends raise and raze relationship barriers[J]. Pers Soc Psychol Bull, 2009, 35(10):1285-1300.

[39] Etcheverry P E, Benjamin L E, Charania M R. Perceived versus reported social

referent approval and romantic relationship commitment and persistence[J]. Personal Relationships, 2008, 15(3):15.

[40] Agnew L C R. Perceived Marginalization and the Prediction of Romantic Relationship Stability[J]. Journal of Marriage and Family, 2007, 69(4):1036-1049.

[41] 尼古拉斯·克里斯塔基斯，詹姆斯·富勒．大连接：社会网络是如何形成的以及对人类现实行为的影响 [M]. 中国人民大学出版社 , 2013.

[42] Kline,S.L,Stafford,L. A comparison of interaction rules and interaction frequency in relationship to marital quality[J].Communication Reports,2004, (1):11-26.

[43] Gable S L, Reis H T. Good news! Capitalizing on positive events in an interpersonal context.[J]. Advances in Experimental Social Psychology, 2010, 42(10):195-257.

[44] Marshall A D, Holtzworth-Munroe A. Recognition of wives' emotional expressions: A mechanism in the relationship between psychopathology and intimate partner violence perpetration.[J]. Journal of Family Psychology, 2010, 24(1):21-30.

[45] Leone C, Hawkins L A B. Self-Monitoring and Close Relationships[J]. Journal of Personality, 2006, 74(3):739-778.

[46] Carstensen L L, Isaacowitz D M, Charles S T. Taking time seriously. A theory of socioemotional selectivity[J]. American Psychologist, 1999, 54(3):165.

[47] Lehmiller J J, Vanderdrift L E, Kelly J R. Sex Differences in Approaching Friends with Benefits Relationships[J]. Journal of Sex Research, 2011, 48(2、3):275-284.

[48] Halatsis P, Christakis N. The challenge of sexual attraction within heterosexuals cross-sex friendship[J]. Journal of Social and Personal Relationships, 2009, 26(6、7):919-937.

[49] Tracy J L, Robins R W. The automaticity of emotion recognition[J]. Emotion, 2008, 8(1):81-95.

[50] Christine A. Smith, Ingrid Johnston-Robledo, Maureen C. McHugh;Joan C. Chrisler. Words Matter: The Language of Gender[M]. Handbook of Gender Research in Psychology. New York, Springer, 2010.

[51] Leary M R, Herbst K C, Mccrary F. Finding pleasure in solitary activities: desire for aloneness or disinterest in social contact?[J]. Personality & Individual Differences, 2003, 35(1):59-68.

[52] Cacioppo J T, Hawkley L C, Ernst J M, et al. Loneliness within a nomological net: An evolutionary perspective[J]. Journal of Research in Personality, 2006, 40(6):1054-1085.

[53] Hatfield E, Rapson R L, Aumer-Ryan K. Social Justice in Love Relationships: Recent Developments[J]. Social Justice Research, 2008, 21(4):413-431.

[54] Diamond L M. Emerging Perspectives on Distinctions between Romantic Love and Sexual Desire[J]. Current Directions in Psychological Science, 2004, 13(3):116-119.

[55] Sprecher S, Regan P C. Passionate and Companionate Love in Courting and Young Married Couples[J]. Sociological Inquiry, 1998, 68(2):163-185.

[56] Martin K A, Leary M R, Rejeski W J. Self-Presentational Concerns in Older Adults: Implications for Health and Well-Being[J]. Basic and Applied Social Psychology, 2000, 22(3):169-179.

[57] Hendrick S S, Hendrick C, Lovers as friends[J]. Journal of Social and Personal Relationships,10: 459-466.

[58] Impett, Emily A Gordon, Amie MImpett,E. A., & Gordon, A. M. (2008). For the good of others: Toward a positive psychology of sacrifice. In S. J. Lopez (ed.), Positive psychology: Exploring the best in people, Vol. 2:79-100.

[59] Hampel A D, Vangelisti A L. Commitment expectations in romantic relationships: Application of a prototype interaction-pattern model[J]. Personal Relationships, 2008, 15(1):22.

[60] Weigel D J. A dyadic assessment of how couples indicate their commitment to each other[J]. Personal Relationships, 2008, 15(1):23.

[61] Rusbult C E. Interdependence in Close Relationships[M]. Blackwell Handbook of Social Psychology: Interpersonal Processes. Blackwell Publishers Ltd., 2001.

[62] Swann W B, Bosson J K. Self and Identity[M]. Handbook of Social Psychology. John Wiley & Sons, Inc. 2010.

[63] Kahneman,D.,Tversky,A.The psychology of preferences. Scientific American. 1982Kahneman, D and Tversky, A. (1982), "The Psychology of Preferences," Scientific American, 246 (January): 160-173.

[64] Reis H T, Smith S M, Carmichael C L, et al. Are you happy for me? How sharing positive events with others provides personal and interpersonal benefits[J]. Journal of Personality and Social Psychology, 2010, 99(2):311-329.

[65] Bartholomew K. Avoidance of intimacy: An attachment perspective[J]. Journal of Social & Personal Relationships, 1990, 7(2):147-178.

[66] Schwarz S, Hassebrauck M. Self-perceived and observed variations in women's attractiveness throughout the menstrual cycle—a diary study[J]. Evolution & Human Behavior, 2008, 29(4):282-288.

[67] Birnie, C. J & Lydon, J. E, Intimacy, attachment, and well-being in heterosexual romantic relationships over time[J]. Poster presented at the meeting of the Society for Personality and Social Psychology，San Antonio,TX.

[68] Fraley, Chris R. Attachment Stability From Infancy to Adulthood: Meta-Analysis and Dynamic Modeling of Developmental Mechanisms[J]. Personality and Social Psychology Review, 2002, 6(2):123-151.

[69] Pinquart, M. Loneliness in Married, Widowed, Divorced, and Never-Married Older Adults[J]. Journal of Social and Personal Relationships, 2003, 20(1):31-53.

[70] Bem S L. The Lenses of Gender:Transforming the Debate on Sexual Inequality[M]. The lenses of gender: transforming the debate of sexual inequality. 1993.

[71] BECK, Lindsey A, CLARK, et al. What Constitutes a Healthy Communal Marriage and Why Relationship Stage Matters[J]. Journal of Family Theory & Review, 2010, 2(4):299-315.

[72] Grote N K, Clark M S. Perceiving unfairness in the family: Cause or consequence of marital distress?[J]. Journal of Personality and Social Psychology, 2001, 80(2):281-293.

[73] Goodwin R, Gaines S O. Relationships beliefs and relationship quality across cultures: Country as a moderator of dysfunctional beliefs and relationship quality in three former Communist societies[J]. Personal Relationships, 2004, 11(3):13.

[74] Ahmetoglu G, Swami V, Chamorropremuzic T. The relationship between dimensions of love, personality, and relationship length.[J]. Archives of Sexual Behavior, 2010, 39(5):1181-1190.

[75] Erik Homburger Erikson, Childhood and Society[M]. 1950.

[76] Zajonc, R. B. Mere Exposure: A Gateway to the Subliminal[J]. Current Directions in Psychological Science, 2001, 10(6):224-228.

[77] Lilgendahl J P, Mcadams D P. Constructing Stories of Self-Growth: How Individual Differences in Patterns of Autobiographical Reasoning Relate to Well-Being in Midlife[J]. J Pers, 2011, 79(2):391-428.

[78] Listed N A. Births, marriages, divorces, and deaths: provisional data for October

2001[J]. 2002.

[79] Karney B R, Bradbury T N. The Longitudinal Course of Marital Quality and Stability[J]. Psychological Bulletin, 1995, 118(1):3-34.

[80] Bartell D S,Influence of Parental Divorce on Romantic Relationships in Young Adulthood: A Cognitive-Developmental Perspective[J]. Handbook of divorce and relationship dissolution,2010: 339-360.

[81] Sun Y, Li Y. Children's Well-Being during Parents Marital Disruption Process: A Pooled Time-Series Analysis[J]. Journal of Marriage and Family, 2002, 64(2):472-488.

[82] Fitch, C. A. & Ruggles, S. (2000).Historical trendsinmarriageformation: The United States, 1850-1990. In L. J. Waite, et al. (eds.), The ties that bind: Perspectives onmarriageand cohabitation, 59-88.

[83] Lyngstad T, Jalovaara M. A review of the antecedents of union dissolution[J]. Demographic Research, 2010, 23(10):257-292.

[84] Randall A K, Bodenmann G. The role of stress on close relationships and marital satisfaction[J]. Clin Psychol Rev, 2009, 29(2): 1-115.

[85] Ames D R, Kammrath L K, Suppes A, et al. Not so fast: the (not-quite-complete) dissociation between accuracy and confidence in thin-slice impressions[J]. Pers Soc Psychol Bull, 2010, 36(2):264-277.

[86] Sprecher S, Hendrick S S. Self-Disclosure in Intimate Relationships: Associations with Individual and Relationship Characteristics Over Time[J]. Journal of Social & Clinical Psychology, 2004, 23(6):857-877.

[87] Alastair P. C. DaviesEmail authorTodd K. ShackelfordR. Glen Hass,When a "Poach" Is Not a Poach: Re-Defining Human Mate Poaching and Re-Estimating Its Frequency[J]. Archives of Sexual Behavior October 2007, Volume 36, Issue 5, 702-716.

[88] Davies, A. P. C., Shackelford, T. K. &Hass, R. G. Sex diiferences in perceptions of benefits and costs of mate poaching. 2010, 49: 441-445.

[89] Schmitt D P, Alcalay L, Jüri Allik, et al. Universal sex differences in the desire for sexual variety: tests from 52 nations, 6 continents, and 13 islands[J]. Journal of Personality and Social Psychology, 2003, 85(1):85-104.

[90] Brewer G, Hendrie C A. Evidence to Suggest that Copulatory Vocalizations in Women Are Not a Reflexive Consequence of Orgasm[J]. Archives of Sexual Behavior, 2011,

40(3):559-564.

[91] Depaulo B M, Charlton K, Cooper H, et al. The accuracy-confidence correlation in the detection of deception[J]. Personality & Social Psychology Review An Official Journal of the Society for Personality & Social Psychology Inc, 1997, 1(4):346.

[92] Jones, Warren H Burdette, Marsha Parsons Jones, W. H. & Burdette, M. P. (1994). Betrayal in relationships. In A. L. Weber & J. H. Harvey (eds.), Perspectives on close relationships, 243-262.

[93] Miller M A, Rahe R H. Life changes scaling for the 1990s[J]. Journal of Psychosomatic Research, 1997, 43(3):0-292.

[94] Amato P R. Reconciling Divergent Perspectives: Judith Wallerstein, Quantitative Family Research, and Children of Divorce[J]. Family Relations, 2010, 52(4):332-339.

[95] Mccullough M E, Bellah C G, Kilpatrick S D, et al. Vengefulness, Relationships with Forgiveness, Rumination, Well-Being, and the Big Five[J]. Personality & Social Psychology Bulletin, 2001, 27(5):601-610.

[96] Carlsmith K M, Wilson T, Gilbert D. The Paradoxical Consequences of Revenge[J]. Social Science Electronic Publishing, 2008, 95(6):1316-1324.

[97] Kachadourian L K, Fincham F, Davila J. The tendency to forgive in dating and married couples: The role of attachment and relationship satisfaction[J]. Personal Relationships, 2004, 11(3):21.

[98] Fehr R, Gelfand M J, Nag M. The road to forgiveness: A meta-analytic synthesis of its situational and dispositional correlates[J]. Psychological Bulletin, 2010, 136(5):894-914.

[99] Bono G, Mccullough M E, Root L M. Forgiveness, feeling connected to others, and well-being: two longitudinal studies[J]. Personality & Social Psychology Bulletin, 2008, 34(2):182.

[100] Luchies L B, Finkel E J, Mcnulty J K, et al. The doormat effect: When forgiving erodes self-respect and self-concept clarity[J]. Journal of Personality and Social Psychology, 2010, 98(5):734-749.